Wie hältst du’s mit der Kirche?

Wie hältst du's mit der Kirche?

Zur Bedeutung der Kirche in der Gesellschaft

Erste Ergebnisse der 6. Kirchenmitgliedschaftsuntersuchung

Herausgegeben von der Evangelischen Kirche in Deutschland (EKD)

EVANGELISCHE VERLAGSANSTALT
Leipzig

Herausgeberin: Evangelische Kirche in Deutschland (EKD),
Herrenhäuser Straße 12, 30419 Hannover, www.ekd.de

Trägerinnen der Untersuchung:
Evangelische Kirche in Deutschland, Evangelisch-Lutherische Kirche in Bayern, Evangelische Kirche in Hessen und Nassau, Evangelische Kirche in Mitteldeutschland, Deutsche Bischofskonferenz der römisch-katholischen Kirche

Text und Redaktion:
Edgar Wunder, Friederike Erichsen-Wendt, Christopher Jacobi

Wissenschaftlicher Beirat der 6. Kirchenmitgliedschaftsuntersuchung:
Petra-Angela Ahrens, Katharina Alt, Reiner Anselm, Christian Fuhrmann, Horst Gorski, Thies Gundlach, David Gutmann, Daniel Hörsch, Wolfgang Ilg, Volker Jung, David Käbisch, Klaus Kießling, Tobias Kläden, Christian Kopp, Georg Lämmlin, Maren Lehmann, Jan Loffeld, Charlotte Ludemann, Kristin Merle, Fabian Peters, Uta Pohl-Patalong, Detlef Pollack, Johanna Rahner, Stephan Schaede, Jörg Stolz, Johannes Wischmeyer

Durchführung der Repräsentativerhebung:
Forsa – Gesellschaft für Sozialforschung und statistische Analysen mbH

Bibliographische Information der Deutschen Nationalbibliothek
Die Deutsche Nationalbibliothek verzeichnet diese Publikation
in der Deutschen Nationalbibliographie; detaillierte bibliographische Daten
sind im Internet über http://dnb.dnb.de abrufbar.

Das Buch wurde auf alterungsbeständigem Papier gedruckt.

Satz: druckhaus köthen
Cover: Anja Haß, Leipzig
Coverillustration, Infografiken und Illustrationen Innenteil: BECKDESIGN GmbH, Bochum
Druck und Binden: FRITSCH Druck, Zwenkau

ISBN 978-3-374-07490-7 // eISBN (PDF) 978-3-374-07491-4
www.eva-leipzig.de

Inhaltsverzeichnis

Geleitwort

Mit diesem Band legt die Evangelische Kirche in Deutschland zentrale Ergebnisse der sechsten Kirchenmitgliedschaftsuntersuchung (KMU 6) vor. Erstmals wirkt die katholische Kirche bei dieser Untersuchung mit, vertreten durch die Deutsche Bischofskonferenz. Neu ist auch die Qualität der empirischen Datenlage, die zu äußerst zuverlässigen Untersuchungsergebnissen geführt hat.

Der Titel „Wie hältst du's mit der Kirche?" markiert eine Veränderung, die in der Untersuchung deutlich geworden ist: Immer stärker bestimmen Menschen – auf der Grundlage individueller Sozialisation – ihr Verhältnis zur Kirche vorrangig selbst.

Damit sind in der Untersuchung weitere Einsichten verbunden, auf die kirchliche Arbeit konstruktiv reagieren sollte:

- Nicht nur die Kirchenbindung geht deutlich zurück, sondern auch Religiosität.
- Die Kirchen stehen vor multiplen Krisen und sehen sich großen Reformerwartungen ausgesetzt.
- Katholische erwarten nichts anderes von ihrer Kirche als Evangelische, aber der Reformdruck auf die katholische Kirche ist größer.
- Nicht den Anschluss an den kulturellen Wandel zu verlieren, für die jüngsten Generationen attraktiv zu bleiben und nicht nur gesellschaftlich gut etablierte Menschen anzusprechen, sind zentrale Herausforderungen.
- Die Kirchen spielen eine wichtige zivilgesellschaftliche Rolle und stärken die Demokratie.

Die Untersuchung wurde durch einen wissenschaftlichen Beirat fachlich begleitet und durch Mitarbeiter im Sozialwissenschaftlichen Institut der EKD durchgeführt. Erhoben wurden die Daten durch das Meinungsforschungsinstitut Forsa sowie – was die kirchlichen Meldedaten angeht – den IT-Dienstleister für Kirche, Diakonie und Caritas (ECKD). Die Koordination des Projekts lag beim Kirchenamt der EKD. Die Deutsche Bischofskonferenz, die Evangelisch-Lutherische Kirche in Bayern, die Evangelische Kirche in Hessen und Nassau sowie die Evangelische Kirche in Mitteldeutschland haben diese Untersuchung in besonderer Weise gefördert.

Der vorliegende Band ermöglicht einen konzentrierten Überblick über wesentliche Ergebnisse der KMU 6. Ein vertiefender Auswertungsband erscheint im Jahr 2024. Erstmals bietet eine Onlinepräsenz zu zentralen Themen der KMU 6 die Möglichkeit zu Beteiligung, Vernetzung und gemeinsamer Weiterarbeit für all diejenigen, die an der Entwicklung der Kirchen mitwirken und dafür Verantwortung tragen.

Wir danken allen Beteiligten und wünschen uns, dass die Untersuchung kirchlich Verantwortliche unterstützt, die tiefgreifenden Prozesse des Wandels, die die Kirche derzeit erlebt, besonnen und mutig zu gestalten.

Hannover / Bonn, im November 2023

Annette Kurschus

Präses Annette Kurschus
Vorsitzende des Rates der Evangelischen Kirche in Deutschland

Bischof Dr. Georg Bätzing
Vorsitzender der Deutschen Bischofskonferenz

1. Grundlagen der 6. Kirchenmitgliedschaftsuntersuchung (KMU 6)

Die Daten der 6. Kirchenmitgliedschaftsuntersuchung (KMU) wurden vom 14.10. bis 22.12.2022 von Forsa erhoben. Sie sind repräsentativ für die in Privathaushalten lebende Bevölkerung in Deutschland ab dem 14. Lebensjahr. Unter den insgesamt 5.282 Befragten sind erstmals in der Geschichte der KMUs nicht nur Evangelische und Konfessionslose enthalten, sondern auch Katholische und Mitglieder anderer Religionsgemeinschaften. Das ermöglicht wichtige Vergleiche zwischen den verschiedenen Konfessionsgruppen. Hintergrund dieser Neuerung ist die erstmalige Mitwirkung der Deutschen Bischofskonferenz für die römisch-katholische Kirche an der vorliegenden Studie.

Seit der ersten KMU im Jahr 1972 sind erhebliche Veränderungen der konfessionellen Zusammensetzung in Deutschland eingetreten. Die Bevölkerung des damaligen Untersuchungsgebiets (Westdeutschland) bestand zu dieser Zeit zu 46 % aus Mitgliedern der EKD-Gliedkirchen (nachfolgend immer kurz „Evangelische“ genannt), zu 44 % aus Mitgliedern der römisch-katholischen Kirche (nachfolgend immer kurz

---

Abbildung 1.1

Konfessionelle Zusammensetzung der Bevölkerung in Deutschland

zum Zeitpunkt der Durchführung der 6. KMU (Oktober–Dezember 2022); Angaben in Prozent

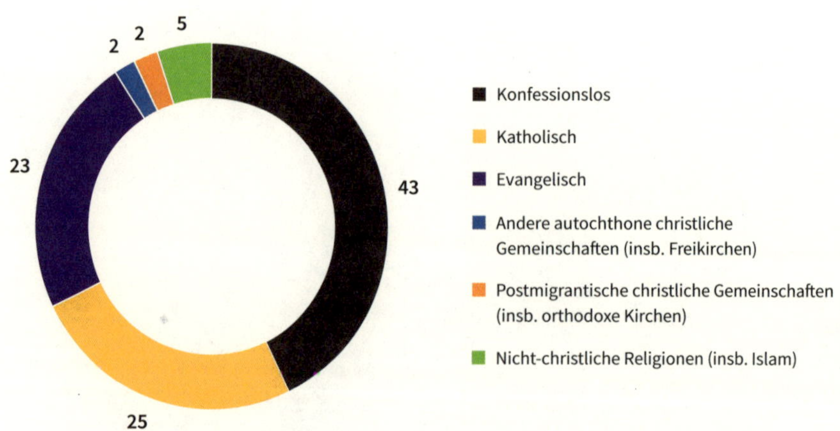

„Katholische" genannt), zu 5 % aus Konfessionslosen sowie zu 5 % aus Mitgliedern anderer Religionsgemeinschaften.[1] Im Jahr 1990, nach Beitritt des früheren DDR-Gebiets, hatten sich die Zahlen bereits deutlich verändert: 37 % Evangelische, 36 % Katholische, 22 % Konfessionslose, 5 % andere Religionsgemeinschaften. Die Zahlen zum Zeitpunkt der Durchführung der 6. KMU Ende 2022 stellen sich so dar: 23 % Evangelische, 25 % Katholische, 43 % Konfessionslose, 9 % andere Religionsgemeinschaften (vgl. Abbildung 1.1).[2]

Wie lässt sich diese Entwicklung verstehen? Werden alle christlichen Konfessionen zusammengezählt (also Evangelische, Katholische, Orthodoxe und andere kleine christliche Gemeinschaften wie z. B. Freikirchen), so macht deren Bevölkerungsanteil Ende 2022 52 % aus. Er wird – bei Extrapolation der beobachteten, recht stabilen Trends – im Jahr 2024 unter 50 % sinken.[3] Die Konfessionslosen werden voraussichtlich im Jahr 2027 die 50-Prozent-Marke überschreiten und damit auch die absolute Bevölkerungsmehrheit stellen.

Das Erkenntnisinteresse der seit einem halben Jahrhundert regelmäßig alle zehn Jahre durchgeführten Kirchenmitgliedschaftsuntersuchungen der EKD ist es, solche Entwicklungen empirisch begründet besser zu verstehen. Und darauf fußend zu fragen: Welche Handlungsoptionen erscheinen für die Kirchen angesichts dieser Lage aussichtsreich, welche kontraproduktiv oder vermutlich unwirksam? Um darauf Antworten zu finden, ist es unerlässlich, die Perspektive der Kirchenmitglieder und auch der sozialen Umwelt der Kirchen, also der Nicht-Kirchenmitglieder, gründlich zu analysieren und ernst zu nehmen.

Der wissenschaftliche Beirat der 6. KMU hat dazu insgesamt 592 Fragen entwickelt. Bei weitem nicht alle davon wurden kontinuierlich seit 1972 erhoben. Denn es gilt immer auch, auf aktuelle Entwicklungen und Problemverschiebungen mit neuen Forschungsfragen zu reagieren. In zwei im Februar bzw. September 2022 durchgeführten umfangreichen Vortests mit 124 bzw. 201 repräsentativ ausgewählten

1 Diese und die nachfolgenden Zahlen sind aus einer Kombination von Volkszählungsdaten, Daten der kirchenamtlichen Statistik, KMU-Daten und bezüglich kleinerer Religionsgemeinschaften einer größeren Zahl anderer Quellen erschlossen. Die genaue Ableitung der Werte wird bei Wunder (2023) erläutert. In diesem Band wird bei Prozentangaben grundsätzlich auf Nachkommastellen verzichtet, weil diese eine Genauigkeit suggerieren würden, die in den meisten Fällen statistisch nicht gegeben ist.

2 Von diesen 9 % anderen Religionsgemeinschaften entfallen 7 % auf Zuwanderung aus dem Ausland (vor allem Islam und orthodoxes Christentum) sowie 2 % auf die autochthone Bevölkerung ohne Migrationshintergrund (weit überwiegend kleinere christliche Konfessionsgemeinschaften wie z. B. Freikirchen). Die Evangelischen sind etwas stärker geschrumpft als die Katholischen, einerseits weil unter den Zugewanderten deutlich mehr Katholische als Evangelische sind, andererseits wegen der bis vor wenigen Jahren niedrigeren Kirchenaustrittsrate bei Katholischen. Auch der Beitritt des früheren DDR-Gebiets mit wesentlich mehr Evangelischen als Katholischen konnte dies nicht kompensieren.

3 Eine im Jahr 2022 in den deutschen Medien weit verbreitete Meldung, wonach diese 50-Prozent-Marke bereits 2022 erreicht worden sei, ist unzutreffend, weil dabei orthodoxe, freikirchliche und andere kleinere christliche Gemeinschaften nicht mitgerechnet wurden.

Befragten wurde die Verständlichkeit aller Fragestellungen gründlich geprüft, bevor der wissenschaftliche Beirat der 6. KMU die endgültige Fassung des Fragebogens festlegte. Die operative Durchführung der Studie lag beim Sozialwissenschaftlichen Institut der EKD in Hannover.

Neue Methodik zur Sicherung der Repräsentativität

Menschen, die sich nicht für religiöse Fragen interessieren, haben eine geringere Neigung, an Befragungen zu diesem Themenbereich teilzunehmen (vgl. Kreitzscheck & Haensch 2019). Bei früheren KMUs führte das immer wieder dazu, dass die Bedeutung von Religiosität und Kirchlichkeit überschätzt wurde, weil religions- und kirchenaffine Personen in der Stichprobe überrepräsentiert waren. Es kam also zu Verzerrungen der Repräsentativität. Das konnte bei der vorliegenden 6. KMU durch die Nutzung des Omninet-Panels von Forsa vermieden werden. Dieses Panel enthält repräsentativ ausgewählte Personen, die nach einem Zufallsprinzip bei Telefoninterviews zu einer breiten Palette *anderer* Sachthemen rekrutiert wurden. Sie hatten sich prinzipiell zur Teilnahme an einer weiteren Befragung bereit erklärt, ohne deren Themenschwerpunkt zu kennen. Als Gegenstand der weiteren Befragung wurde „Gesellschaft und Werte" genannt – von Religion oder Kirche war zunächst nicht die Rede. Die ersten Fragen des Interviews bezogen sich dann tatsächlich auf andere gesellschaftliche Themen (z. B. Klimawandel, Demokratie, Geschlechterrollen), bevor sich der Fokus nach und nach in Richtung religionsbezogener Fragen verlagerte, ohne dass dies in nennenswerter Weise zu Interviewabbrüchen führte. Die zufällig ausgewählten Teilnehmenden konnten den Fragebogen anonym selbst online ausfüllen, ohne die bei früheren KMUs üblichen persönlichen Interviews vor Ort, die teilweise Antwortverzerrungen in eine sozial erwünschte Richtung begünstigten. Den Befragten war nicht bekannt, dass die Auftraggeberin der Studie die EKD ist – eine solche Information hätte die Teilnahmebereitschaft oder das Antwortverhalten beeinflussen können. Mit dieser neuen Methodik, die eine geringere Teilnahme wenig religions- oder kirchenaffiner Personen weitgehend ausschließt, konnte die Repräsentativität der Daten sichergestellt werden. Das belegen Vergleiche mit Referenzdaten der Allgemeinen Bevölkerungsumfrage der Sozialwissenschaften (ALLBUS). Es wurde gründlich geprüft, dass es in der 6. KMU keine religiositätsbezogenen Verzerrungen der Repräsentativität mehr gibt.

Ostdeutsche und jüngere Personen bis einschließlich zum 29. Lebensjahr wurden bewusst in etwas größerer Zahl als ihrem Bevölkerungsanteil entsprechend in die Stichprobe genommen, um eine ausreichend hohe Fallzahl für statistische Auswertungen auch innerhalb dieser Teilgruppen zu haben. Bei den Datenanalysen wurde dies durch einen Gewichtungsfaktor wieder ausgeglichen (d. h., Ostdeutsche und Menschen unter 30 wurden geringer gewichtet), der auch eine Anpassung an den aus amtlichen Statistiken exakt bekannten Anteil der Geschlechter und der Konfessionszugehörigkeiten vornahm. Details zur Methodik und Repräsentativität wird der umfangreiche wissenschaftliche Auswertungsband zur 6. KMU enthalten, der voraussichtlich in der zweiten Jahreshälfte 2024 erscheint.

Die sechste KMU wird durch mehrere weitere Forschungsprojekte flankiert: eine umfassende Sonderauswertung kirchenamtlicher Daten, um Prozesse des religiösen Wandels regional kleinräumig abbilden zu können, sowie Studien zu den Themen „Religion als Option – Entscheiden über Zugehörigkeit und Partizipation als sozialer Prozess", „Kommunikation des Evangeliums in der Rezeptionsperspektive", „Partizipation und Relevanz von Kirche in der Perspektive unterschiedlicher Wertorientierungen und Welterschließungsperspektiven" und zur Bedeutung der Kirchenmusik am Beispiel der Evangelischen Kirche in Mitteldeutschland (EKM). Ergebnisse dieser Begleitprojekte werden im wissenschaftlichen Auswertungsband mit enthalten sein.

Die vorliegende Darstellung konzentriert sich auf einen Überblick zu ersten wesentlichen Ergebnissen der Repräsentativbefragung. Ihre Kürze und die Anschaulichkeit der Darstellung sollen es erleichtern, sich zentrale Erkenntnisse rasch zu erschließen. Zahlentabellen sowie der Fragebogen selbst sind online verfügbar (*www.kmu.ekd.de*).

Wegweiser durch diesen Band

In Kapitel 2 geht es zunächst um die „Großwetterlage" in Bezug auf Religiosität und Säkularität in Deutschland, also um den allgemeinen religiositätsbezogenen gesellschaftlichen Kontext, in dem sich auch die Kirchen bewegen: Welche Typen von Religiosität oder Säkularität sind in der Bevölkerung zu beobachten? Wie stark sind sie verbreitet, wie verändern sie sich? Welche konkreten religiösen Überzeugungen oder Praktiken sind damit verbunden? In welchen Teilen der Bevölkerung sind sie häufiger oder seltener anzutreffen?

Kapitel 3 fokussiert sich auf die Kirchen als Organisationen. Es geht um Kirchenmitgliedschaft und Kirchenbindung, Konfessionswechsel und Kirchenaustritt sowie um Reformerwartungen an die Kirchen. Auch die Nutzung und Bewertung kirchlicher Angebote wie z. B. Gottesdienste, Kasualien und Bildungsangebote, etwa der Religionsunterricht, werden untersucht.

Kapitel 4 nimmt eine konfessionelle Differenzierung vor: Worin unterscheiden sich heute eigentlich noch Evangelische, Katholische und Konfessionslose – abgesehen vom jeweiligen Mitgliedschaftsverhältnis? Überwiegen die Unterschiede oder die Gemeinsamkeiten?

Kapitel 5 differenziert Religiosität und Kirchlichkeit nach der sozialen Lage, z. B. Schicht- und Milieuzugehörigkeit, dem Geschlecht oder der Generationenfolge. Dadurch werden die sozialen Orte transparent, an denen Religion und Kirche in unserer heutigen Gesellschaft vorwiegend lokalisiert sind.

Kapitel 6 behandelt die Reichweite und Wirksamkeit der Organisation Kirche in die Gesellschaft hinein: Wie oft haben Menschen Kontakte zu kirchlichen Einrichtungen oder zu in der Kirche tätigen Personen? Was sind die Hauptmotive ehrenamtlichen Engagements in der Kirche? Welchen Mehrwert hat Kirche für die Gesellschaft?

Das Buch schließt mit einem kurzen Ausblick (Kapitel 7).

Die Kapitel 2 bis 6 enden jeweils mit einem Abschnitt „Perspektiven für das Handeln der Kirchen", in dem strategische Handlungsoptionen der Kirchen in der empirisch aufgezeigten Lage exemplarisch erwogen werden. Immer sind auch andere Optionen denkbar – oft sind die empirischen Daten selbst ambivalent. Die hier genannten Impulse sollen anregen, mit den Daten in Kontakt zu kommen und sie für das kirchenentwicklerische Handeln zu nutzen. Nicht alle Themen, die für die Kirche wichtig sind, konnten in das Fragenprogramm der 6. KMU mit aufgenommen werden. Beispielsweise ist der Komplex der Wahrnehmung von sexualisierter Gewalt in den Kirchen einer anderen von der EKD finanzierten Studie überlassen, die in Kürze erscheinen wird.

Die 6. KMU will keine „endgültigen" Antworten geben, sondern zur Diskussion anregen, um die Kirchen in der Gegenwart zu verstehen und auf der Basis evidenzbasierter Argumentation zu ihrer Weiterentwicklung beizutragen. Ihre empirischen Befunde[4] und daran anschließende Überlegungen können inspirieren, verblüffen, irritieren und auch provozieren. Das kann fruchtbar sein, um besser zu verstehen, warum die Kirche heute so ist, wie sie ist, und welche kirchlichen Handlungsspielräume es gibt. Die sechste Kirchenmitgliedschaftsuntersuchung will eine Einladung zum gemeinsamen Nachdenken sein, auch zum kritischen Hinterfragen. Bereits dies ist Teil einer qualitativen Weiterentwicklung kirchlicher Organisation.

Der wissenschaftliche Beirat der KMU hat die hier zusammengestellten Befunde kritisch diskutiert und vielfach zur Verbesserung beigetragen. Für die endgültige Textfassung in Abwägung aller vorgebrachten Argumente ist die Redaktion ver-

[4] Bei der Darstellung empirischer Befunde sind immer verschiedene Perspektiven möglich. Zum Beispiel impliziert der Befund, dass 70 % einer Aussage zugestimmt haben, im Umkehrschluss, dass 30 % dieser Aussage nicht zugestimmt haben, auch wenn dies nicht explizit betont wird. Das mag dann jeweils für viel oder wenig gehalten werden. In der vorliegenden Darstellung waren folgende Leitlinien orientierend dafür, welche Perspektive bei spezifischen Fragestellungen jeweils eingenommen wurde: In welche Richtung geht die Veränderung? Was ist überraschend? Was hat Neuigkeitswert?

antwortlich. Weder der wissenschaftliche Beirat als Gremium noch jedes einzelne Beiratsmitglied muss jede in diesem Band getroffene Aussage teilen, davon abweichende Auffassungen sind möglich. Nicht alle Deutungsperspektiven können in diesem Band dargestellt werden, dazu ist der Gegenstand zu komplex und die Vielfalt der Perspektiven zu groß. Der im Jahr 2024 erscheinende Auswertungsband wird Raum für spezifische Einschätzungen bieten.

Zusammenfassung der zentralen Befunde

- Die 6. KMU ist erstmals repräsentativ für die Gesamtbevölkerung (Kapitel 1).
- Nicht nur die Kirchenbindung geht deutlich zurück, sondern auch Religiosität (Kapitel 2).
- Die Kirchen stehen vor multiplen Krisen und sehen sich großen Reformerwartungen ausgesetzt (Kapitel 3).
- Katholische erwarten nichts anderes von ihrer Kirche als Evangelische, aber der Reformdruck auf die katholische Kirche ist größer (Kapitel 4).
- Nicht den Anschluss an den kulturellen Wandel zu verlieren, für die jüngsten Generationen attraktiv zu bleiben und nicht nur gesellschaftlich Etablierte anzusprechen, sind zentrale Herausforderungen (Kapitel 5).
- Die Kirchen spielen eine wichtige zivilgesellschaftliche Rolle und stärken die Demokratie (Kapitel 6).

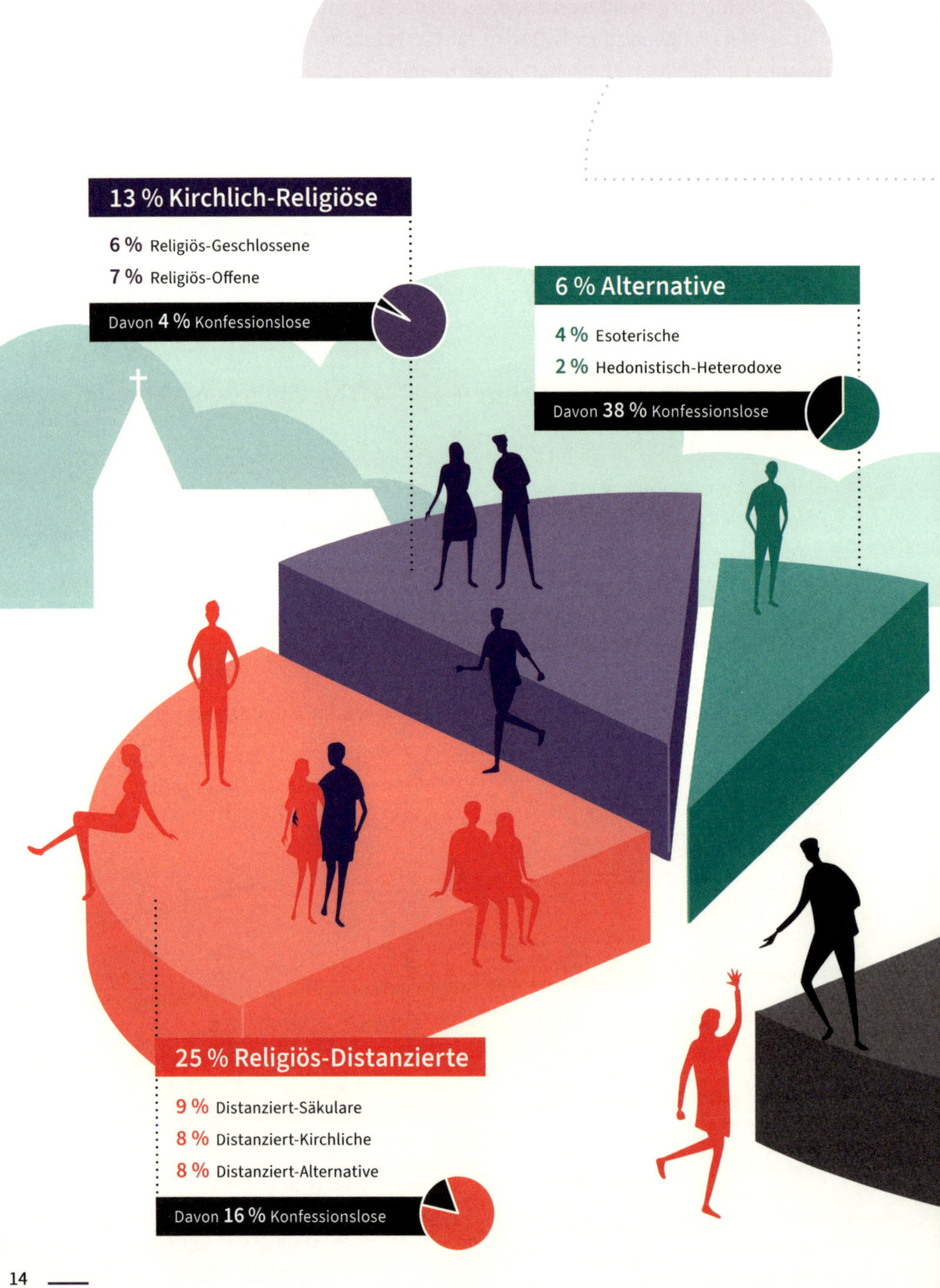

13 % Kirchlich-Religiöse
6 % Religiös-Geschlossene
7 % Religiös-Offene
Davon 4 % Konfessionslose
6 % Alternative
4 % Esoterische
2 % Hedonistisch-Heterodoxe
Davon 38 % Konfessionslose
25 % Religiös-Distanzierte
9 % Distanziert-Säkulare
8 % Distanziert-Kirchliche
8 % Distanziert-Alternative
Davon 16 % Konfessionslose

Religiosität in Deutschland

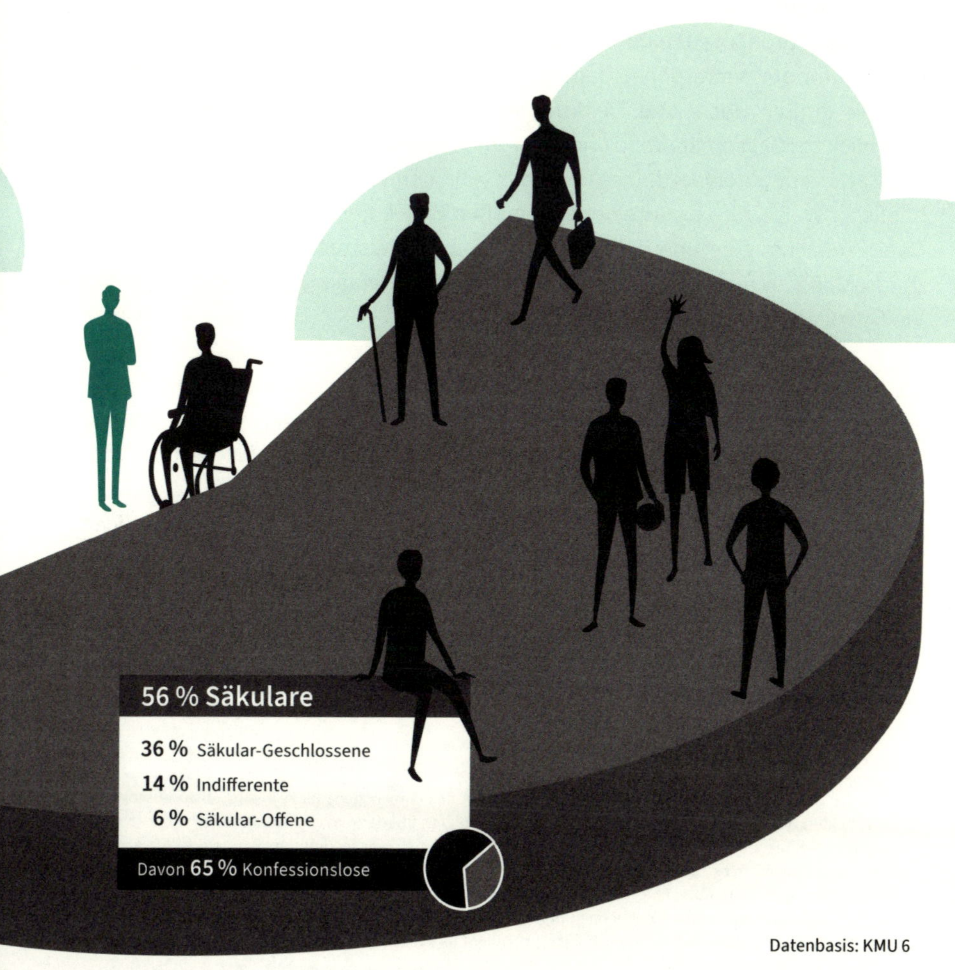

Datenbasis: KMU 6

2. Die Großwetterlage: Religiosität und Säkularität in Deutschland

Kirchenentwicklung ist in allgemeine Prozesse religiösen Wandels eingezeichnet. Deshalb stehen im Folgenden zunächst die gegenwärtige Struktur und Dynamik von Religiosität in Deutschland im Vordergrund. Dies ermöglicht, die aktuelle Lage der Kirchen besser zu verstehen.

Die sechste Kirchenmitgliedschaftsuntersuchung beinhaltet über 400 Fragen, die mit Religion bzw. Religiosität zu tun haben. Es ist wie bei einem langen meteorologischen Bericht, der für eine große Zahl verschiedener Orte die aktuelle Wettersituation erfasst hat: Wo scheint gerade die Sonne, wo ist eine Nebelbank, wo ein Gewitter, wo droht Glatteis, Sturm oder Pollenflug? Ordnung ins Chaos der enormen Komplexität der Wetterphänomene bringt eine Karte zur „Großwetterlage". Darin sind die großen Hoch- und Tiefdruckgebiete erkennbar. So gewinnen wir einen Überblick zur Gesamtsituation und auch einen gewissen prognostischen Wert. Solche Karten zur „Großwetterlage" sind aus Millionen von Einzeldaten abgeleitet. In ähnlicher Weise gilt es, aus einer sehr großen Zahl komplexer religionsbezogener Daten zunächst eine übersichtliche Karte zur Großwetterlage der Religiosität in Deutschland zu rekonstruieren, bevor wir uns mit Detailanalysen bzw. einzelnen Wolken oder Blitzeinschlägen befassen.

Methodisch wird dabei betont induktiv vorgegangen. Das bedeutet, dass theoretische Vorannahmen über z. B. „Säkularisierung", „Individualisierung" oder „Pluralisierung" von Religion so weit wie möglich vermieden werden. Es ist nicht das Ziel, schon existierende Deutungsmuster zur religiösen Lage lediglich mit Daten illustrieren zu wollen. Die Rekonstruktion der „Großwetterlage" sollte ohne wesentliche vorausgehende theoretische Richtungsentscheidungen aus den Daten selbst abgeleitet werden.

Dazu wurden zunächst die statistischen Zusammenhänge unter jenen religionsbezogenen[5] Fragen untersucht, die *allen* Befragten gestellt wurden.[6] Es haben sich

---

[5] Auch der Religionsbegriff selbst wurde bei der Erstellung des Fragebogens nicht in einer theoretisch vorab festgelegten Weise verwendet, sondern es blieb den Befragten überlassen, was sie darunter verstehen. Fragestellungen, die im Sinne von Transzendenzbezügen interpretiert werden können, wurden nachfolgend als „religionsbezogen" in der Analyse berücksichtigt.

[6] Fragen, die nur bestimmten Teilgruppen gestellt wurden (z. B. nur Kirchenmitgliedern oder nur aus einer Kirche Ausgetretenen), wurden dabei nicht berücksichtigt, weil auf der Basis dieser Analysen *alle* Befragten der abgeleiteten Typologie zuordnungsfähig sein sollen. Es wurden stufenweise exploratorische Faktoren-

dabei zwei zentrale Dimensionen induktiv herauskristallisiert: Einerseits zeigte sich eine Religiosität, die kirchliche Bezüge hat bzw. mit klassischen kirchlichen Traditionen kompatibel ist, andererseits Formen kirchenferner Religiosität, die christlichen Traditionen und Praktiken eher fernstehen. Der erste wichtige Befund ist also, dass sich ausgehend von den typischen Antwortmustern der Befragten zwei Formen von „Religiosität" unterscheiden lassen: „kirchennahe" und „kirchenferne".

Aus fünf Fragen, die empirisch besonders stark für die erstgenannte Form der Religiosität stehen, wurde ein Index für „kirchennahe Religiosität" berechnet, der zwischen 0 (= gar keine kirchliche Religiosität) und 1 (= hohe kirchliche Religiosität) schwankt. Diese fünf Fragen waren der Glaube an Gott; der Glaube, dass sich Gott „in Jesus Christus zu erkennen gegeben hat"; Teilnahme an Gottesdiensten; die eigene Praxis des Betens und die Selbsteinschätzung als „religiös".[7]

Entsprechend wurde auch ein zwischen 0 und 1 schwankender Index für „kirchenferne Religiosität" berechnet. Dafür erwies sich empirisch die Zustimmungsbereitschaft zu folgenden Aussagen als besonders aussagekräftig: „Was uns in diesem Leben widerfährt, ist die Folge von dem, was wir in einem früheren Leben getan haben"; „Es gibt Menschen, die durch Wahrsagen die Zukunft wirklich voraussehen können"; „Es gibt übernatürliche Kräfte im Universum, die uns Menschen beeinflussen"; „Die Stellung des Mondes und der Planeten kann uns anzeigen, wann im Leben es die richtige Zeit ist, etwas Bestimmtes zu tun"; „Ich bin ein spirituell orientierter Mensch mit einer Verbindung zu einer höheren Wirklichkeit". Der gemeinsame Nenner dieser Aussagen ist, dass sie alle eine Bezugnahme auf eine „transzendente" höhere Wirklichkeitsebene implizieren, die aber keinen unmittelbaren Bezug zu kirchlich-christlichen Traditionen hat.[8]

---

analysen durchgeführt, d. h., zunächst wurden Items einzelner Itembatterien faktorenanalytisch abgesichert zu standardisierten Summenscores zusammengefasst. Diese reliablen Indices wurden im nächsten Schritt, zusammen mit isoliert gebliebenen religionsbezogenen Variablen, in eine gemeinsame Faktorenanalyse eingeführt. Daraus ergab sich, dass eine Zwei-Faktoren-Lösung, die 53 % der Varianz erklärt, die höchste Plausibilität hat. Fast alle religionsbezogenen Variablen lassen sich klar einem der beiden Faktoren zuordnen. Die wenigen Ausnahmen davon sind Merkmale, die offensichtlich sowohl in einem kirchlich-christlichen als auch einem nicht-kirchlichen religiösen Kontext vorkommen können (z. B. Frage 47 nach einem religionsbezogenen „Wendepunkt im Leben"). Details des methodischen Vorgehens werden dem wissenschaftlichen Auswertungsband zur 6. KMU zu entnehmen sein.

[7] Diese Items wurden auswählt, weil sie empirisch im Zentrum des Antwortmusters „kirchennahe Religiosität" stehen, also die stärksten Faktorladungen haben. Im Fragebogen haben sie die Nummern 51, 50a, 46, 85 und 55. Der aus den fünf Items gebildete Summenindex „Kirchennahe Religiosität" hat eine sehr hohe Reliabilität (Cronbachs Alpha = 0,88). Auch Muslime können diesen Items gut zustimmen und insofern auf dieser Skala hohe Werte erzielen; alternativ zum Gottesdienstbesuch wurde ihnen mit Item 85a eine Frage zum Moscheebesuch oder der Teilnahme an „anderen religiösen Versammlungen des Islam" gestellt.

[8] Auch diese Items wurden nicht aus theoretischen Gründen ausgewählt, sondern es wurde ergebnisoffen nach typischen Antwortmustern im Datensatz zu religiositätsbezogenen Fragen gesucht – mit dem empirischen Ergebnis, dass diese fünf Items statistisch am besten eine gesonderte Form von Religiosität indizieren, die wir post hoc mit dem bewusst offengehaltenen Begriff „kirchenferne Religiosität" beschrieben haben. Im Fragebogen sind diese Items in Itembatterie 49 enthalten. Der darauf aufbauende Summenindex hat eine hohe

Nun lässt sich allen Befragten ein Wert einerseits für deren kirchennahe Religiosität, andererseits für deren kirchenferne Religiosität zuordnen. Beide Religiositätsformen treten in allen Kombinationen auf, schließen sich also nicht gegenseitig aus. Interessant ist nun, ob sich bestimmte Kombinationsmuster identifizieren lassen und wie häufig sie auftreten.

Eine in der Schweiz durchgeführte andere repräsentative Studie (Stolz et al. 2014) hatte bei einem vergleichbaren Vorgehen ebenfalls diese beiden Religiositätsdimensionen als prägend identifiziert. Darauf aufbauend hatte diese Studie mittels des statistischen Verfahrens der Clusteranalyse herausgefunden, dass sich die Schweizer Bevölkerung in dem durch diese beiden Religiositätsdimensionen aufgespannten Raum vier verschiedenen Religiositätstypen zuordnen ließ, die nochmals in einige Subtypen differenziert werden konnten. Das gleiche statistische Verfahren wurde ergebnisoffen, d. h., ohne die Schweizer Typologie bereits vorauszusetzen, nun an die Daten der 6. KMU angelegt. Dabei zeigte sich: Auch für Deutschland im Jahr 2022 ergaben sich die entsprechenden Typen.[9] Das Ergebnis ist in Abbildung 2.1 dargestellt – sie zeigt die aktuelle „Großwetterlage" der Religiosität bzw. Säkularität in Deutschland. Für die gefundenen Typen[10] wird nachfolgend die Bezeichnung *„religiös-säkulare Orientierungstypen"* verwendet, weil es darunter sowohl religiös wie säkular[11] Ausgerichtete gibt und weil der Begriff der „Orientierung" gut zum Ausdruck bringt, dass es dabei um eine grundsätzlichere Lebenshaltung geht. Alle Bezeichnungen der verschiedenen „religiös-säkularen Typen" sind wertfrei gemeint, niemand soll dadurch auf- oder abgewertet werden.

Reliabilität (Cronbachs Alpha = 0,80). Eine in früheren Studien manchmal übliche Abfrage spezifischer Praktiken (z. B. Yoga oder bestimmte alternativmedizinische Therapien) eignet sich hier nicht, weil diese Praktiken in bestimmten Teilen der Bevölkerung unter ihrer jeweiligen Eigenbezeichnung gar nicht bekannt sind oder erhebliche Teile der sie Nutzenden damit keine Transzendenzbezüge verbinden (vgl. Voas & Bruce 2007). Das hat auch einer der Vortests zur KMU ergeben. Auch z. B. pantheistische Orientierungen oder ein Glaube an „höhere Mächte" ohne Gott sind empirisch dieser Religiositätsform zuzuordnen, indizieren sie aber statistisch weniger deutlich.

9 Mit nur sehr geringfügigen Modifikationen an der empirisch abgeleiteten Typologie selbst, aber gravierenden quantitativen Verschiebungen bei den Prozentanteilen der verschiedenen Typen an der Bevölkerung.

10 Welche Bezeichnungen für die clusteranalytisch gefundenen Typen gewählt werden, ist wiederum keine theoretische Frage, sondern eine empirische. Für jeden Cluster wurde umfassend anhand des gesamten Fragebogens untersucht, welche besonderen Merkmale die darin versammelten Individuen haben. Erst aufgrund dieser umfangreichen Clusterprofile wurde dann nach einer möglichst treffenden Kurzbezeichnung zur Charakterisierung dieses empirischen Merkmalssets gesucht. Die auf gleiche Weise entstandenen Typenbezeichnungen von Stolz (2014) wurden im Wesentlichen beibehalten, falls sie auch dem Befund der KMU-Daten entsprachen, andernfalls modifiziert.

11 Zur Verhältnisbestimmung von „religiös" und „säkular" gibt es in der Literatur unterschiedliche Ansätze. Nach Bochinger (2013) „kann als ‚säkular' gelten, was keine Merkmale einer kommunikativen Verarbeitung und Institutionalisierung von Transzendenzerfahrungen aufweist". Andere Autoren wie z. B. Stolz (2014) gehen mit dem Konzept eines „säkularen Konkurrenzregimes" darüber hinaus oder implementieren mit dem Konzept des „Szientismus" (Stenmark 2001) eine über bloße Nicht-Religiosität hinausweisende Dimension des „Säkularen", die empirisch auch beim „Säkulare" genannten Typus in der KMU zu finden ist.

Abbildung 2.1

Die Großwetterlage der (Nicht-)Religiosität

Religiös-säkulare Orientierungstypen in Deutschland 2023 und ihr jeweiliger Bevölkerungsanteil in Prozent

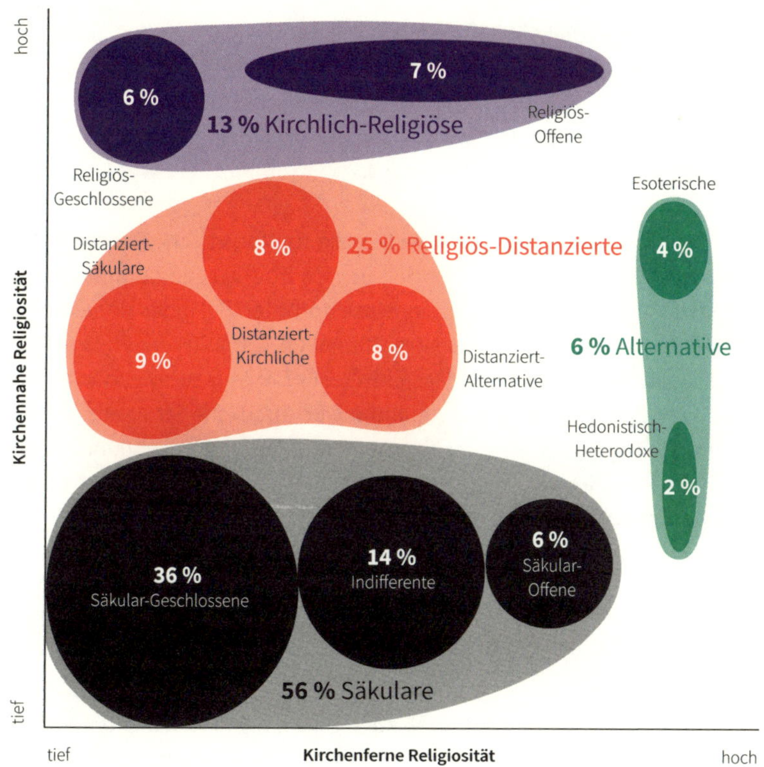

Die religiös-säkularen Orientierungstypen

Die *Kirchlich-Religiösen*[12] machen 13 % der Bevölkerung in Deutschland aus (14 % in Westdeutschland, 9 % in Ostdeutschland). Die diesem Orientierungstypus zugehörigen Befragten zeichnen sich zum einen durch eine kirchlich orientierte Religiosität aus, die für ihre jeweilige Lebenswelt relevant ist. Zum anderen verfügen sie über eine überdurchschnittlich starke gesellschaftliche Integration (z. B. relativ hohe Schulbildung, hohe Lebenszufriedenheit, gute wirtschaftliche Lage, eher intensive nachbarschaftliche Kontakte, hohes Vertrauen in gesellschaftliche Institutionen

12 Stolz et al. (2014) haben diese Gruppe für die Schweiz mit der Bezeichnung „Institutioneller Typ" belegt. Unsere Benennung „Kirchlich-Religiöse" dürfte genauer zum Ausdruck bringen, worauf sich das „Institutionelle" bezieht.

und Traditionen). Es handelt sich fast durchgehend um Kirchenmitglieder, nur 4 % davon sind Konfessionslose.[13] Ihr Durchschnittsalter ist das höchste von allen Orientierungstypen. Deshalb wird der demografische Wandel tendenziell einen Rückgang des diesem Typus zurechenbaren Bevölkerungsanteils bewirken.

Als Subtypen können „Religiös-Geschlossene“ und „Religiös-Offene“ unterschieden werden, die jeweils etwa die Hälfte der Kirchlich-Religiösen ausmachen. Erstere konzentrieren sich allein auf kirchliche Traditionsbestände und grenzen sich von kirchenferner Religiosität deutlich ab, Letztere kombinieren beides – mit unterschiedlichen Gewichtungen.[14]

Bei den *Religiös-Distanzierten*, die 25 % der Bevölkerung ausmachen (Westdeutschland: 27 %, Ostdeutschland: 13 %), handelt es sich überwiegend um Kirchenmitglieder, es sind aber auch 16 % Konfessionslose darunter. Bei ihnen überwiegt mit 70 % ein Glaube an Gott, ohne dass sie traditionellen Formulierungen christlicher Lehre wie „Ich glaube an einen Gott, der sich in Jesus Christus zu erkennen gegeben hat“ zustimmen. Eine engere soziale Anbindung an kirchliche Strukturen ist nicht festzustellen. Ihr Zugang zur Religion ist häufig tastend und fragend, nicht selten auch zweifelnd, was nicht bedeutet, dass sie sich deshalb von ihr verabschiedet hätten. Insgesamt ergibt sich das Bild einer „fuzzy fidelity“ (Voas 2009), also einer unscharfen und undeutlichen Religiosität, die mit verschiedenen religiösen oder weltanschaulichen Richtungen sowohl in Verbindung als auch in Distanz steht. Das sozio-demografische Profil der „Religiös-Distanzierten“ ist unauffällig und liegt nahe an den jeweiligen Mittelwerten für die Gesamtbevölkerung.

Drei wenig profilierte Subtypen mit fließenden Übergängen sind hier unterscheidbar: Distanziert-Kirchliche, Distanziert-Alternative und Distanziert-Säkulare. In der Gruppe der Distanziert-Kirchlichen sind sozial benachteiligte Menschen überrepräsentiert. Bei ihnen wurzelt die „fuzzy fidelity“ stärker in Elementen kirchennaher Religiosität als bei den anderen Subtypen. Die Distanziert-Alternativen beziehen sich stärker auf Elemente kirchenferner Religiosität. Bei den Distanziert-Säkularen ist die generelle Distanz zu Religiosität stärker ausgeprägt, sie verstehen aber noch eine religiöse Sprache und sind grundsätzlich auf religiöse Themen hin ansprechbar.

---

[13] Da die formale Kirchenmitgliedschaft nicht als Kriterium in die Definition des Typus der Kirchlich-Religiösen mit einging, ist es möglich, dass ihm auch Konfessionslose mit angehören, die eine starke persönliche Religiosität kirchlicher Prägung aufweisen.

[14] Stolz et al. (2014) haben diese beiden Subtypen „Freikirchliche“ und „Etablierte“ genannt. Das lässt sich mit den KMU-Daten nicht bestätigen: Beide Subtypen sind gesellschaftlich gut etabliert, und in beiden Fällen ist der nur kleine Anteil von Mitgliedern in Freikirchen kein maßgebliches Differenzierungsmerkmal.

Die *Säkularen* bilden mit 56 % die Mehrheit der Bevölkerung (Westdeutschland: 53 %, Ostdeutschland: 73 %). Sie geben an, dass Religiosität in ihrem Leben keine Rolle spielt. Unter ihnen überwiegen mit 65 % die Konfessionslosen, was im Umkehrschluss aber impliziert, dass diesem Orientierungstyp durchaus auch Kirchenmitglieder angehören. 85 % aller Konfessionslosen gehören zu den Säkularen, aber auch 35 % der katholischen Kirchenmitglieder und 39 % der evangelischen Kirchenmitglieder. Unter den konfessionslosen Säkularen ist ein hoher Anteil (39 %) nicht getauft, war also noch nie Kirchenmitglied. Das Durchschnittsalter der Säkularen ist niedrig. Ihre nachbarschaftlichen Kontakte sind im Vergleich zu anderen Typen weniger eng.

Beim Typ der Säkularen lassen sich drei Subtypen differenzieren: „Säkular-Geschlossene" reagieren bei Stichworten wie „Religion", „Spiritualität" oder „Kirche" stets ablehnend; in der Regel entscheiden sie sich für die die höchste Ablehnungskategorie. Religion gilt für sie als überholt und schädlich. Ein naturalistisch-szientistisches Weltbild ist für sie prägend. In der Kindheit hatten sie in der Regel kaum Berührungspunkte zu Religion, obwohl sie die höchste Schulbildung von allen im Gesamtmodell enthaltenen Subtypen besitzen. 36 % der Bevölkerung in Deutschland sind hier zu verorten.

Bei den „Indifferenten" ist das Verhältnis zur Religion hingegen überwiegend nicht durch Ablehnung, sondern durch Gleichgültigkeit geprägt. Sie zeigen sich als weniger deutlich festgelegt: Neben den auch hier vorherrschenden naturalistisch-szientistischen Orientierungen finden sich bei ihnen in Spuren auch andere weltanschauliche Elemente. Beim dritten Subtyp, den „Säkular-Offenen", wird eine Melange fluider weltanschaulicher Versatzstücke erkennbar, die aber nur sehr selten aus einem kirchennahen Bereich stammen. Dass sich diese fluiden Elemente irgendwie verdichten oder lebensweltliche Relevanz gewinnen würden, ist zumindest anhand der KMU-Daten nicht erkennbar. Säkular-Offene haben, so der empirische Befund, eine tendenziell geringe Lebenszufriedenheit. Ihr ehrenamtliches Engagement ist deutlich unterdurchschnittlich.

Dem vierten Orientierungstypus zugehörige Befragte, die *Alternativen*, neigen stärker als alle anderen Typen kirchenfernen Religiositätsformen zu. Kirchennahe Religiosität findet sich bei ihnen im Spektrum gering bis mittel ausgeprägt. Diese vergleichsweise kleine Gruppe (nur 6 % der Bevölkerung gehören ihr an) lässt sich nochmals differenzieren in den Subtyp der „Esoterischen" (insgesamt 4 %; in Westdeutschland 4 %; in Ostdeutschland 3 %)[15] und den Subtyp

[15] Das entspricht der Schätzung von Pollack & Rosta (2022, S. 138): „Die Gruppe der fest überzeugten Esoteriker indes überschreitet nicht die Zehn-Prozent-Marke und liegt wohl eher bei fünf als bei zehn Prozent."

der „Hedonistisch-Heterodoxen" (insgesamt 2%; in Westdeutschland 2%, in Ostdeutschland 3%). Neben einer hohen Zustimmungsbereitschaft zu kirchenfernen religiösen Orientierungen eint beide Subtypen der „Alternativen" eine überdurchschnittlich große Offenheit für Neues und die Wertschätzung von Fantasie, Kreativität und Selbstverwirklichungswerten. Damit geht gleichzeitig bei ihnen allerdings auch eine tendenzielle Geringschätzung von gesellschaftlichem Engagement, geringes Vertrauen, geringe Schulbildung und eine Neigung zum Populismus einher.

Beide Subtypen unterscheiden sich aber auch in wichtigen Punkten: Bei „Esoterischen" sind der primär kirchenfernen Religiosität auch Elemente kirchennaher Religiosität beigemischt, bei den „Hedonistisch-Heterodoxen" ist das nicht der Fall. Für „Esoterische" ist Religiosität ein wichtiges Lebensthema. Das ist etwa daran erkennbar, dass die „Esoterischen" der einzige Typus sind, bei dem der (kaum christlich konnotierte) Glaube an Gott im Lebensverlauf tendenziell zugenommen hat. Bei dem anderen „alternativen" Subtyp ist nicht erkennbar, dass die Zustimmungsbereitschaft zu Aussagen kirchenferner Religiosität eine lebensweltliche Relevanz besitzt. Bei Esoterischen ist der Anteil an Konfessionslosen unterdurchschnittlich (25%), beim anderen Subtyp überdurchschnittlich (61%). Esoterische sind – nicht anders als Kirchlich-Religiöse – tendenziell überaltert, der andere Subtyp weist tendenziell ein junges Lebensalter auf. Unter den Esoterischen finden sich erstaunlich viele katholische Kirchenmitglieder (39%), beim anderen Subtyp dominieren Personen, die in der Kindheit kaum Berührungspunkte zu kirchlicher Religion hatten und deshalb heute konfessionslos sind. Überhaupt lässt sich der Typus der „Hedonistisch-Heterodoxen" nicht gut über Religiosität charakterisieren: Kirchennahe Religiosität ist kaum vorhanden, sie sind in dieser Hinsicht auf dem Niveau der Säkularen. Kirchenferner Religiosität wird zwar zugestimmt, sie scheint aber keine lebensgestaltende Kraft zu entfalten. Dieser Gesamteindruck lässt sich besser verstehen, wenn man sich andere prägende Merkmale dieses Subtyps vergegenwärtigt, die auf den ersten Blick nichts mit Religiosität zu tun haben: Überdurchschnittlich viele dieser Befragten sind sozial benachteiligt. Dieses Milieu ist gekennzeichnet durch geringes Einkommen, geringe Lebenszufriedenheit, geringes Vertrauen, wenig Sinn für gesellschaftliche Fragen oder ehrenamtliches Engagement, eine persönliche Orientierung hin zu „besonderen Erlebnissen" und Lebensgenuss (Hedonismus). Es herrscht eine große Distanz zu gesellschaftlichen Eliten vor, in Verbindung mit einer Offenheit für heterodoxe Weltdeutungsmuster aller Art – egal ob für säkulare oder religiöse Heterodoxien. Es liegt deshalb folgende Deutung nahe: Diese „Hedonistisch-Heterodoxen" – das ist ihr primäres Merkmal – stimmen kirchenfernen religionsbezogenen Aussagen deshalb gerne zu, weil sie als Heterodoxien gegenüber dem gesellschaftlich dominanten Religionsmodell der Kirchen empfunden werden, obwohl irgendeine lebensweltliche Relevanz nicht erkennbar ist.

Auch Aussagen zur Dynamik sind möglich, also wie sich die Relationen und Größenverhältnisse der verschiedenen religiös-säkularen Orientierungstypen mit der Zeit verändern. Vergleiche des Antwortverhaltens zu zentralen Indikatoren mit früheren Studien belegen, dass der Bevölkerungsanteil der Kirchlich-Religiösen schrumpft. Noch schneller geschrumpft ist in den letzten beiden Jahrzehnten aber der Bevölkerungsanteil der „Alternativen". Das widerspricht einem verbreiteten Narrativ, wonach zwar Kirchlichkeit zurückgehe, kirchenferne Religiosität vor allem im Esoterik-Bereich aber Zuwächse zu verzeichnen habe. Empirische Daten belegen das Gegenteil: So glaubten nach Daten des ISSP im Jahr 1998 zum Beispiel 31 % der Bevölkerung in Deutschland an die Fähigkeiten von Wahrsagern. Im Jahr 2008 waren es 19 %, im Jahr 2018 13 %, und die 6. KMU ergab für 2022 noch 8 %. Diese lineare Abnahme ist so rasant, dass ein ernsthafter Glaube an Wahrsager schon im Jahr 2031 vollständig aus der Gesellschaft verschwunden sein wird, falls sich dieser Trend so fortsetzt. Einen derart rasanten Sinkflug gibt es bei keinem einzigen Indikator kirchennaher Religiosität. Die Annahme von Knoblauch (2022, S. 30), der „Wahrsagerei" für eine „populäre Form der Spiritualität" hält, die „mit großem Erfolg" durch „eine Vielzahl von Medien effizient kommuniziert" werde, was zu einer „weiten Verbreitung und Akzeptanz" führe, ist angesichts dieser Befundlage ein nicht länger haltbares Stereotyp.

Wie lassen sich die in der Stichprobe der 6. KMU enthaltenen Muslime und Muslima den religiös-säkularen Orientierungstypen zuordnen? Die Hälfte von ihnen sind Religiös-Distanzierte. Jeweils zu einem Viertel handelt es sind um Säkulare oder um Menschen mit einer religiösen Orientierung, die der der Kirchlich-Religiösen entspricht. Alternative sind unter ihnen kaum vorhanden. Über andere Mitglieder nicht-christlicher Religionsgemeinschaften lassen sich diesbezüglich keine Aussagen treffen, weil es davon für valide Schlüsse zu wenige in der Stichprobe der 6. KMU gibt.

Zum Begriff der Spiritualität

Es stellt sich die Frage, wie in diesem Kontext „Spiritualität" einzuordnen ist und ob dieser Begriff eine nochmals eigenständige Form von Religiosität indiziert. Vor allem in der katholischen Kirche gibt es eine lange innerkirchliche positive Bezugnahme auf Spiritualität (Peng-Keller 2010). Auch außerkirchlich wurde der Begriff seit etwa einem halben Jahrhundert zunehmend und eher positiv konnotiert aufgenommen, wenn auch in einer schillernden Bedeutungsvielfalt (Streib & Keller 2015). Es lassen sich Kontexte der Begriffsverwendung ausmachen, die eine große Nähe zum Diskurs über Religiosität haben, und andere, bei denen keinerlei Transzendenzbezüge zu erkennen sind. Bei einer Befragung von Mitarbeitenden der Caritas zu „Spiritualität" hatten Ebertz & Segler (2016, S. 155) den Eindruck, „dass viele Mitarbeitende mit diesem Begriff nicht allzu viel anzufangen wissen". „Weitaus weniger Befragte halten sich für ‚spirituell' als für ‚religiös'. […] Manchmal überlappt es sich mit Bedeutungszuschreibungen, wie wir sie auch im semantischen Feld ‚des Religiösen' finden, aber Überschneidungen mit dem semantischen Feld des Christlichen und dem des Kirchlichen sind selten, häufiger werden explizit Abgrenzungen in diese Richtung vorgenommen." Für die Schweiz fanden Becci & Dandarova Robert (2022, S. 44) in einer repräsentativen Befragung heraus, dass der Bevölkerungsanteil, der sich als „spirituell" bezeichnet, seit 2009 nicht zugenommen hat, sondern der Anteil derjenigen stark gewachsen ist, die sich weder als „religiös" noch „spirituell" ansehen.

In der 6. KMU wurde der Begriff „Spiritualität"/„spirituell" in insgesamt sieben Fragen verwendet. Teilweise geschah dies mit dem Ziel, den Bedeutungshof des vielleicht zu dicht an eine kirchliche Perspektive gekoppelten Begriffs „religiös" aufzuweiten. Beispielsweise wurde gefragt, wie oft man eine „religiöse oder spirituelle Meditation" praktiziere (3 % häufig, 8 % gelegentlich, 15 % selten, 74 % nie).[16] Der Frage, ob man es schon erlebt habe, „dass spirituelle Kräfte in meinem Leben eine Wirkung entfalteten", stimmten 6 % voll zu und 15 % eher zu.[17] Interpretativ am belastbarsten dürften die Bewertungen zu folgender Aussage sein: „Ich bin ein spirituell orientierter Mensch mit einer Verbindung zu einer höheren Wirklichkeit". Dabei wird der Begriff „spirituell" eindeutig auf eine Transzendenzerfahrung bezogen, die gleichzeitig so offen wie möglich gehalten ist („höhere Wirklichkeit"). Ausgeklammert werden also bewusst alle Verständnisse von „spirituell", die nichts mit Transzendenzbezügen zu tun haben, weil diese kaum als Formen der Religiosität klassifiziert werden können. Der genannten Aussage stimmten 3 % voll zu, 9 % eher zu, 19 % eher nicht zu und 69 % gar nicht zu.

Kreuzt man diese Selbsteinstufung als „spiritueller Mensch" mit der Frage, ob man „eher religiös oder eher nicht religiös" sei, dann ergibt sich: 27 % der Bevölkerung in Deutschland sehen sich als (eher) „religiös" an, wovon drei Viertel eine Selbstbezeichnung als (eher) „spirituell" ablehnen. Als (eher) „spirituell", zugleich aber nicht

---

[16] „Meditationen" im Sinne eines bloßen Nachdenkens ohne jede Bezugnahme auf eine andere Realitätsebene sollten durch diese Formulierung nicht angesprochen werden (Frage 57a). In ähnlicher Weise wurde festgestellt, dass nur 10 % der Bevölkerung zumindest „manchmal" im Internet nach „spirituellen oder religiösen Impulsen für mein Leben suchen" (Frage 96b) bzw. nur 4 % sich zumindest „manchmal" im Internet „mit anderen Menschen über religiöse oder spirituelle Fragen austauschen" (Frage 96c). Die Rechtfertigung unter Kirchenmitgliedern, dass man nicht an Gottesdiensten teilnehme, „weil das für meine Spiritualität nicht wichtig ist" (Frage 90a/b), ist hingegen beliebt (> 50 %). Allerdings ist dies schwer interpretierbar, weil daraus nicht klar wird, ob oder in welchem Ausmaß sich diese Personen tatsächlich selbst „Spiritualität" zuschreiben oder was sie unter diesem Begriff verstehen. Empirisch ist es jedenfalls so, dass 61 % derjenigen, die fehlenden Gottesdienstbesuch mit der Begründung rechtfertigen, dies sei „für ihre Spiritualität nicht wichtig", gleichzeitig deutlich ablehnen, ein „spirituell orientierter Mensch mit einer Verbindung zu einer höheren Wirklichkeit" zu sein.

[17] Die in diesem Absatz behandelten Fragen haben im Fragebogen die Nummern 59m, 49d und 46.

als (eher) „religiös" bezeichnen sich nur 5 % der Bevölkerung. Eine große Mehrheit der Bevölkerung (68 %) erachtet sich weder als religiös noch spirituell.

Daraus kann die Schlussfolgerung gezogen werden, dass die Reichweite des Begriffs „Spiritualität" zur Indizierung einer mit dem Religionsbegriff noch nicht erfassten anderen Form von Religiosität nur sehr begrenzt ist. Nach diesen Befunden „boomt" Spiritualität nicht, weder als Begriff noch als soziales Phänomen. Die Reichweite des Religionsbegriffs ist deutlich höher.

Unabhängig von der Begrifflichkeit ist interessant, ob das, was von den Befragten unter „spirituell" verstanden wird, in der derzeitigen „Großwetterlage" als ein eigenständiges Phänomen auszuweisen ist bzw. wo sich das mit dem Begriff der „Spiritualität" Assoziierte in der Wahrnehmung der Befragten zuordnet. Die sich aus den Korrelationsrechnungen der KMU-Daten ergebende, empirisch eindeutige Antwort ist: „Spirituell" ist bei den Befragten eine Metapher, die eine vorwiegend kirchenferne Religiosität indiziert. Insofern ist „Spiritualität" bereits in der Dimension „kirchenferne Religiosität" mit enthalten. Es wäre allerdings eine Engführung, kirchenferne Religiosität auf die Spiritualitätssemantik zu reduzieren. Das würde der Vielfalt nicht-kirchlicher Religiosität nicht gerecht. Umgekehrt wäre es ebenso eine Engführung, nicht zu realisieren, dass der Spiritualitätsbegriff auch im Kontext kirchlicher Religiosität Verwendung findet. Er scheint aber, und das ist hier der wesentliche Punkt, keine eigenständige Dimension von Religiosität zu indizieren. Jedenfalls kristallisiert sich eine solche aus den KMU-Daten nicht heraus.

Die religiös-säkularen Orientierungstypen in der zeitlichen Entwicklung

Welche Verschiebungen es in den letzten Jahrzehnten zwischen den religiös-säkularen Orientierungstypen gegeben hat, kann durch einen Vergleich der Daten der 6. KMU mit empirischen Befunden früherer Studien erschlossen werden. Denn auch wenn die Fragestellungen und Methoden früherer Studien nicht identisch waren, so ist daraus in der Gesamtschau doch entnehmbar, welche Bewegungen es historisch zu welcher Zeit und in welche Richtung auf den beiden Achsen von Abbildung 2.1 gegeben hat. Es ergibt sich folgendes Bild: Der Bevölkerungsanteil der Kirchlich-Religiösen schrumpft, indem ein Abfluss an die Religiös-Distanzierten stattfindet. Von den Religiös-Distanzierten geht ein noch größerer Strom an die Säkularen weiter, wo mittlerweile die Bevölkerungsmehrheit angekommen ist. Bereits Stolz et al. (2014, S. 204) hatten für die Schweiz einen derartigen Trend nachgewiesen und als „säkularisierendes Driften" bezeichnet, was sich nun auch für Deutschland bestätigt. Vor einigen Jahrzehnten haben die Kirchlich-Religiösen bzw. die Religiös-Distanzierten auch noch maßgeblich an den Orientierungstypus

Abbildung 2.2

Subjektive Selbsteinschätzung zur eigenen (Nicht-)Religiosität in der Bevölkerung Deutschlands als Antwort auf die Frage *„Würden Sie von sich sagen, dass Sie eher religiös oder eher nicht religiös sind?"* auf einer zehnstufigen Skala

Angaben in Prozent

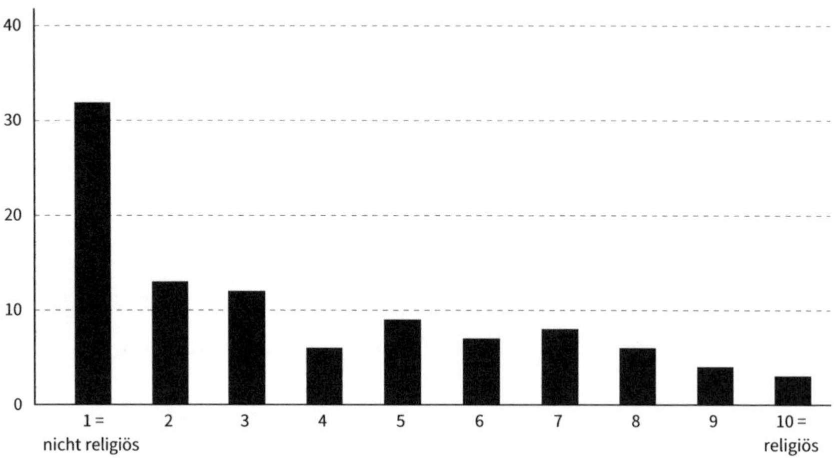

der Alternativen abgegeben. Dieser Prozess ist vor etwa einem Vierteljahrhundert zum Stillstand gekommen. Seitdem schrumpft das Milieu der Alternativen mit hoher Geschwindigkeit. Es ist instabiler als das Milieu der Kirchlich-Religiösen und hat inzwischen den Großteil seines früheren Bestands an die Säkularen abgegeben. Innerhalb der Säkularen dominierten lange Zeit die Indifferenten, die sich bei Religionsfragen gleichgültig zeigen. Nun sieht es so aus, dass dort die religiöse Entfremdung so groß geworden ist, dass Religion als etwas kulturell Fremdes und damit als eine Bedrohung der eigenen Identität empfunden wird. Anders kann man kaum verstehen, warum dort nun nicht mehr Indifferente, sondern Personen zu dominieren begonnen haben, die Religion dezidiert ablehnen („Säkular-Geschlossene").

Dies erklärt noch nicht, weshalb dieser Prozess so stattfindet. Ob man für ihn den Begriff „Säkularisierung" wählt, kann als unwesentliche Begriffsfrage dahingestellt bleiben. Für die strategische Ausrichtung kirchlichen Organisationshandelns ist zentral, den beschriebenen Sachverhalt als empirisches Faktum wirklich ernst zu nehmen. Dieser Prozess findet nicht nur in Deutschland statt, in der Schweiz (Stolz 2022 et al.) und anderen europäischen Ländern (Meulemann 2019), sondern – unter lediglich anderen Ausgangsbedingungen – auch z. B. in den USA (Twenge et al. 2015;

Voas & Chaves 2016), ja sogar weitgehend global (Inglehart 2021; Kasselstrand et al. 2023; Pollack & Rosta 2022; Wilkins-Laflamme 2021).

Subjektive Religiosität

Wie sieht es nun mit ausgewählten Einzelaspekten von Religiosität aus? Abbildung 2.2 gibt Aufschluss darüber, wie „religiös" oder „nicht religiös" sich die Befragten selbst auf einer zehnstufigen Skala einschätzten.[18] Es zeigt sich eine sehr asymmetrische Verteilung. Die mit Abstand höchste Zustimmung erhielt die Einstufung als „nicht religiös". Mit zunehmender Religiosität wird die Zahl der sich entsprechend einordnenden Menschen immer geringer. Ganz ähnliche Häufigkeitsverteilungen zeigen sich in der 6. KMU auch bei anderen Religiositätsindikatoren. Das ist nicht die typische Verteilung eines anthropologischen Merkmals, das allen Menschen in mehr oder minder ausgeprägtem Maß zu eigen ist, es ist keine sogenannte „Normalverteilung". In der Kontroverse, ob Religiosität nur ein kulturell erworbenes Merkmal ist oder ob sie darüber hinaus auch anthropologisch begründet ist, sind solche Verteilungen zu bedenken.

Natürlich muss auch bedacht werden, was Befragte eigentlich meinen, wenn sie sagen, sie seien (nicht) „religiös". Was assoziieren sie mit dem Religiositätsbegriff? Das kann indirekt erschlossen werden, indem die statistischen Zusammenhänge dieser Religiositätsvariable mit anderen Antworten im Fragebogen untersucht werden.[19] Es zeigt sich, dass sehr hohe Korrelationen bestehen zwischen der subjektiven Religiosität einerseits und z. B. einer Orientierung an der Bibel (r_s = 0,75), eigenem Beten (r_s = 0,78), dem Glauben an Gott (r_s = 0,70) oder der regelmäßigen Teilnahme an Gottesdiensten (r_s = 0,65). Deutlich geringer (aber auch positiv) sind die Korrelationen, wenn es um Fragen geht, die den Begriff „Spiritualität" nutzen oder auf nicht-kirchliche religiöse Orientierungen Bezug nehmen (z. B. r_s = 0,33 bei „Ich bin ein spirituell orientierter Mensch mit einer Verbindung zu einer höheren Wirklichkeit"). Das bedeutet: Im Verständnis der Bevölkerung ist das Assoziationsfeld des Begriffs „religiös" ganz überwiegend kirchlich geprägt. Die semantischen Felder von „Religion" und „Kirche" sind eng miteinander verflochten.[20] Einer der zentralen Befunde der 5. KMU aus dem Jahr 2012 kann damit bestätigt werden:

---

18 Im Fragebogen ist dies Item 46.

19 Nachfolgend wird der Rangkorrelationskoeffizient nach Spearman (r_s) verwendet. Er schwankt zwischen dem Wert +1, falls ein perfekter positiver Zusammenhang zwischen zwei Merkmalen besteht, dem Wert 0, falls kein Zusammenhang besteht, und dem Wert -1, falls ein perfekter negativer Zusammenhang besteht.

20 Enge Verflechtung bedeutet nicht Identität. Da zum Beispiel im evangelikalen Bereich der Begriff „gläubig" gegenüber „religiös" bevorzugt wird, ist sogar denkbar, dass ein intensiver christlicher Glaube mit einer Verneinung von Religiosität einhergeht. Dies scheint jedoch empirisch eine seltene Ausnahme zu sein.

„Religiosität [ist] immer noch eng mit Kirche und einem traditionellen Religionsverständnis verknüpft" (Pickel & Spieß 2015, S. 264).[21]

Zum Verhältnis von Kirchlichkeit und individualisierter Religiosität

Es ist allerdings unangemessen – und das zeigen die Ergebnisse der 6. KMU auch –, Religiosität und Kirchlichkeit einfach gleichzusetzen. Nicht wenige der Konfessionslosen bejahen Transzendenzvorstellungen, bekunden Transzendenzerfahrungen und geben an, zu beten oder zu meditieren. So geben 20 % der Konfessionslosen an, an ein höheres Wesen oder eine geistige Macht zu glauben. Weitere 4 % glauben sogar an „Gott, wie er sich in Jesus Christus zu erkennen gegeben" hat. Der Glaube an Gott oder ein höheres Wesen wird also von etwa einem Viertel der Konfessionslosen bejaht. Der Anteil derer, die dem Glauben an Gott oder an ein höheres Wesen zustimmen, beläuft sich unter den Kirchenmitgliedern jedoch auf fast zwei Drittel. Etwa ein Drittel der Katholischen bekannten sich zum Glauben an einen personalen Gott und ebenso viele zum Glauben an eine unpersönliche höhere Macht. Bei den Evangelischen sind es jeweils unbedeutend weniger. Damit bestätigt sich noch einmal, dass Religiosität und Kirchlichkeit in den Abfragewerten miteinander positiv korrelieren. Zwar ist es eine verbreitete Meinung, dass man auch ohne Kirche religiös sein könne. Das Ergebnis der empirischen Analyse lautet hingegen, dass dies zwar möglich ist, es aber weitaus wahrscheinlicher ist, dass Religiosität und Kirchlichkeit zusammengehen.

Allerdings sind auch solche Formen von Religiosität in den Blick zu nehmen, die stärker von kirchlicher Religiosität differieren. Seit den Arbeiten von Thomas Luckmann in den 1960er Jahren hat sich die Religionsforschung auf den Weg gemacht, solche anderen Formen der Religiosität zu erkunden. Luckmann nannte sie „unsichtbare Religion", womit er einen religiösen Phänomenbereich markierte, der kaum institutionalisiert und stark privatisiert ist und in dem sich christliche mit nicht-christlichen religiösen Beständen mischen. Diese oft auch „individualisierte Religiosität" genannte Form ist durch ein beachtliches Maß an inhaltlicher Unbestimmtheit charakterisiert, bei der die Grenzen zwischen „immanent" und „transzendent" oft verwischt sind, und die auch in Distanz zur traditionellen, kirchlich verfassten Religiosität steht. Jüngere Erscheinungsformen mediatisierter Religion lassen sich daran anschließen (Merle 2019). Die 6. KMU enthielt auch einige Fragestellungen zur Annäherung an diese „individualisierte Religiosität" (siehe Abbildung 2.3). Beachtliche Teile der Bevölkerung stimmten solchen Aussagen zu. Die

21 Wegner (2017, S. 298) bilanzierte: „Insgesamt führen die Analysen der 5. KMU zu [...] einer starken Identifizierung von Religiosität und Kirchlichkeit. Der [...] Korrelationskoeffizient beträgt 0,81, d. h., es existiert zwischen Religiosität und Kirchlichkeit fast eine Identität. Wer religiöser ist, ist auch der Kirche verbunden, und wer der Kirche näher verbunden ist, stuft sich tendenziell auch eher als religiös ein. [...] Dass es außerhalb der Kirche lebendige religiöse Netzwerke geben würde [...], lässt sich anhand der Daten der KMU nicht (mehr) belegen."

Abbildung 2.3

Zustimmungsbereitschaft zu Aussagen, die unbestimmte Formen individualisierter Religiosität indizieren

Angaben in Prozent differenziert nach Kirchenmitgliedern und Konfessionslosen

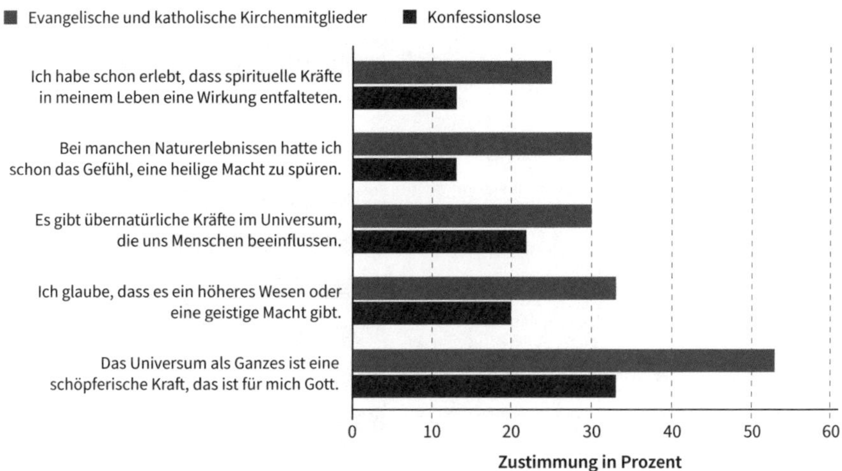

Zustimmung erreicht allerdings bei keiner Frage eine Mehrheit, und jedes Mal sind es eher Kirchenmitglieder als Konfessionslose, die die Aussagen bejahen.

Korreliert man diese Antworten, mithilfe derer diese unbestimmte Form von Religiosität abgebildet wird, mit der Einschätzung, die die Befragten zur Wichtigkeit von Religiosität in ihrem Leben vornehmen, dann zeigt sich, dass dieser „individualisierten" Religiosität tendenziell eine geringere biografische Relevanz zukommt als kirchlicher Religiosität. Die Befragten wurden gebeten anzugeben, inwiefern Religiosität in ihrem Leben eine Bedeutung habe: bei der Erziehung von Kindern, bei ihrer Arbeit, bei ihren politischen Einstellungen, bei ihrem Verhältnis zur Sexualität sowie bei ihrem Umgang mit schwierigen Situationen. Die Antworten auf diese Frage zeigen an, welche Bedeutung die Menschen ihrer wie auch immer gearteten Religiosität in ihrem Leben beimessen. Sie wurden zu einem Index zusammengefasst, der dann mit einzelnen Fragen zur Religiosität korreliert wurde. Die in Abbildung 2.4 zusammengefassten Ergebnisse der Korrelationsanalyse lassen sich gut interpretieren: Indikatoren kirchennaher Religiosität weisen die höchsten Korrelationen mit einer Bedeutung von Religiosität im Leben auf, ein unbestimmter Glaube an ein „höheres Wesen" oder „übernatürliche Kräfte" die niedrigsten. Dazwischen liegen Aussagen, die auf emotionale Erfahrungen Bezug nehmen („heilige Macht spüren" bei Naturerlebnissen; die Wirkung „spiritueller Kräfte" im Leben wahrnehmen). Selbst bei solchen persönlichen Erfahrungen sind die Korrelationen zur Bedeutsamkeit im Leben niedriger als bei Formen kirchlicher Religiosität.

Abbildung 2.4

Stärke der Korrelation zwischen dem Index „Bedeutung von Religiosität für Befragte im Leben“ und Formen kirchennaher bzw. unbestimmter individualisierter Religiosität

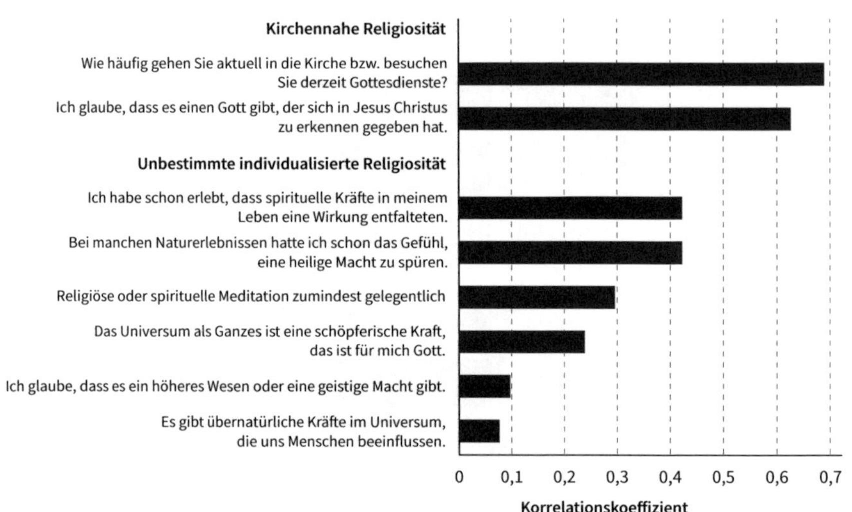

Daraus kann man schlussfolgern: Kirchennahe Religiosität besitzt für die Befragten höhere lebenspraktische Relevanz. Formen unbestimmter individualisierter Religiosität haben, gemessen durch den bei Konfessionslosen relativ weit verbreiteten Glauben an eine höhere Macht sowie die Bejahung übernatürlicher Kräfte im Universum, eine deutlich geringere Bedeutung für die eigene Lebensgestaltung. Bei anderen Formen unbestimmter Religiosität liegt die lebenspraktische Relevanz höher, aber durchweg nicht so hoch wie bei der kirchennahen Religiosität.

Die hier gewählten Indikatoren für Formen einer unbestimmten individualisierten Religiosität sind selektive Annäherungen an ein diffuses und vielfältiges religiöses Feld. Möglicherweise kommt eine empirische Analyse, die andere Variablen benutzt, zu anderen Ergebnissen. Die hier verwendeten Indikatoren ergeben folgendes Bild: Es ist nicht richtig anzunehmen, dass unbestimmte individualisierte Religiosität quer zu kirchennaher Religiosität stünde, vielmehr hängen beide Religiositätsformen relativ eng zusammen. Das legt den Schluss nahe: Wenn kirchennahe Religiosität zurückgeht, sind Formen unbestimmter individualisierter Religiosität mit betroffen. Gleichwohl geht letztere in erster nicht einfach auf. Es gibt unbestimmte individuelle Religiositätsformen auch außerhalb der Kirche, auch wenn sie nur ein kleines Segment erfassen und von geringerer Relevanz für die Lebensführung der

Individuen sind. Prozesse der religiösen Individualisierung und der Bedeutungsabschwächung traditioneller Kirchlichkeit sind ineinander verschränkt, aber nicht deckungsgleich.[22]

Religionspsychologische Formen der Religiosität

In der 6. KMU wird zwischen drei Formen von Religiosität differenziert, die in der religionspsychologischen Forschung gut etabliert sind (Allport & Ross 1967; Batson & Schoenrade 1991; Huber 2004; Friedrichs 2020):[23]

- „Intrinsische Religiosität“: Religiöse Überzeugungen beeinflussen im Sinne eines eigenständigen Wertes viele Bereiche des Lebens.
- „Extrinsische Religiosität“: Im Vordergrund steht der persönliche Nutzen durch einzelne religiöse Praktiken, religiöse Überzeugungen sind kaum ein eigenständiger Wert.
- „Quest-Religiosität“: Bei der Beschäftigung mit religiösen Fragen ist das Zweifeln und Hinterfragen wesentlich.

Beim Orientierungstyp der Kirchlich-Religiösen sind diese drei Religiositätsformen alle gleichermaßen präsent. Bei den Religiös-Distanzierten bricht vor allem die intrinsische Religiosität ein, nachgeordnet auch die extrinsische, während Quest-Religiosität auf hohem Niveau verbleibt. Bei den Säkularen fallen die intrinsische und nachgeordnet auch die extrinsische Religiosität sehr stark ab, wobei Quest-Religiosität bei den Säkular-Offenen und Indifferenten noch schwach nachweisbar ist. Die Säkular-Geschlossenen befinden sich bei allen drei Religiositätsformen nahe dem Null-Niveau.

Bedeutung von Religiosität im Leben

Zu den bereits angesprochenen Fragen zur Bedeutung von Religiosität im Leben der Befragten[24] kann festgehalten werden: 9 % gaben an, Religion habe für sie in

22 Auf der Basis von international vergleichbaren Daten kommen Pollack & Rosta (2022, S. 142/240) zu einem ähnlichen Ergebnis. Sie gehen davon aus, dass Prozesse der religiösen Individualisierung Teil der Bedeutungsabschwächung von Religion sind, ihnen aber kaum das Gewicht einer Gegenbewegung zukommt.

23 Im Fragebogen sind diese Konzepte in Anlehnung an die Operationalisierung von Friedrichs (2020) mit den Items 59b, 59d–g und 59i–j enthalten.

24 Im Fragebogen sind diese in Itembatterie 45 zu finden, die nachfolgend behandelten Corona-Items haben die Nummern 61 und 62.

Bezug auf Sexualität zumindest etwas Bedeutung, 12 % im Lebensbereich Arbeit/ Beruf, 15 % bei politischen Einstellungen, 34 % beim Umgang mit schwierigen Situationen im Leben[25] und 37 % bei der Erziehung von Kindern. Das bedeutet: In den Lebensbereichen „Kindererziehung" und „schwierige Lebenssituationen" hat Religion eine über die Gruppe der Kirchlich-Religiösen quantitativ deutlich hinausgehende praktische Lebensrelevanz.

Kommunikation über Religion und religiöse Kommunikation

Auf die Frage „Wie häufig tauschen Sie sich über religiöse Themen aus?" antworten 6 % mit „häufig", 28 % mit „gelegentlich", 45 % mit „selten" und 21 % mit „nie".[26] Eine solche Kommunikation *über* Religion ist aber nicht unbedingt *religiöse* Kommunikation, die die Nutzung einer religiösen Sprache bzw. religiöse Denkmuster voraussetzt (vgl. MDG Medien-Dienstleistung 2021, vgl. Merle 2019, S. 256). Eine nicht-religiöse Kommunikation über Religion ist bei jenen wahrscheinlich, die sich selbst als (eher) nicht religiös einordnen. Empirisch zeigt sich, dass unter denjenigen, die sich in der subjektiven Religiositätsskala eher auf der nicht-religiösen Seite positionieren, konstant etwa 20 % über einen zumindest gelegentlichen Austausch *über* religiöse Themen berichten (denkbar etwa anlässlich von Meldungen in den Nachrichten, bei denen Kirche und Religion eine Rolle spielen). Erst ab der Mitte der Skala subjektiver Religiosität steigt die Kommunikation über Religion immer weiter an, bis hin zu 80 % Kommunikation über Religion bei den stark Religiösen. Deshalb kann angenommen werden, dass etwa ab der Mitte der Skala mit zunehmender Religiosität zumindest ein Teil dieser Kommunikation auch *religiöse* Kommunikation ist. Trifft dies zu, dann ergibt die Berechnung, dass etwa bei 18 % der Bevölkerung eine zumindest gelegentliche *religiöse* Kommunikation unterstellt werden kann – bei den übrigen 82 % nicht. Auch hier zeigt die weitere Prüfung des Datensatzes, dass religiöse Kommunikation im Wesentlichen auf das Milieu das Kirchlich-Religiösen konzentriert ist. Unter Distanzierten und Alternativen findet sie bei etwa einem Viertel statt, bei Säkularen überhaupt nicht.

---

[25] Am Beispiel der Corona-Pandemie ist allerdings erkennbar, dass der vergleichsweise hohe Wert für den Umgang mit schwierigen Situationen im Leben nicht generalisiert werden darf: Nur 5 % der bevölkerungsrepräsentativ ausgewählten Befragten gaben an, sich in der belastenden Corona-Zeit stärker als vorher mit religiösen Themen beschäftigt zu haben, nur 3 % gaben an, Angebote der Kirchen oder anderer Religionsgemeinschaften genutzt zu haben, um mit der pandemischen Belastungssituation besser fertigzuwerden.

[26] Im Fragebogen ist dies Item 48.

Gottesbilder

Welche konkreten Überzeugungen und Praktiken stehen hinter der Religiosität, die von den Befragten angegeben wird? Abbildung 2.5 verdeutlicht, welches von vier angebotenen Gottesbildern die Befragten als ihrer Überzeugung am nächsten kommend einstuften. Als Indikator für ein auf Jesus Christus bezogenes Gottesbild wurde die Aussage „Ich glaube, dass es einen Gott gibt, der sich in Jesus Christus zu erkennen gegeben hat" gewählt.[27] Hier stimmten 19 % der Bevölkerung zu. Unter den evangelischen Kirchenmitgliedern waren es 29 %, unter den katholischen Kirchenmitgliedern 32 %. Das bedeutet: Zwei Drittel der Kirchenmitglieder teilen ein auf Jesus Christus bezogenes Gottesbild nicht oder fühlen sich in so großer Distanz zu dieser Glaubensaussage, dass sie sie nicht ankreuzen. Das kann man als Indiz dafür werten, dass derzeit nicht nur eine Krise der Organisation Kirche zu beobachten ist, sondern der tradierte christliche Gottesglaube selbst in eine Krise geraten ist.

Unter den Konfessionslosen stimmten nur 4 % dieser Aussage zu. Unter ihnen überwiegt mit 57 % die Ansicht, dass es weder Gott noch irgendein höheres Wesen oder eine geistige Macht gibt. Insofern tritt diesbezüglich ein „believing without belonging" typischerweise nicht auf (vgl. Wilkins-Laflamme 2021). Die Lösung institutioneller Bindungen zur Kirche und der Verlust eines traditionellen Gottesglaubens gehen Hand in Hand. Die auf Jesus Christus bezogene Aussage findet nur beim Orientierungstyp der Kirchlich-Religiösen hohe Zustimmung (95 %), unter den Religiös-Distanzierten und Alternativen bei einem Fünftel (20 %), unter den Säkularen gar nicht (0 %). Die Generation der heute über 70-Jährigen hat einen erhöhten Zustimmungswert (29 %), in allen anderen Altersgruppen bewegt er sich bei 15–17 %.[28]

---

[27] Diese Formulierung war identisch bereits vor zehn Jahren in der 5. KMU enthalten. Sie greift bewusst nicht auf etablierte christologische Titel zurück (wie z. B. „Sohn Gottes"), weil diese als vertraute Sprachformeln bereits Zustimmung oder Ablehnung erzeugen könnten. Gleichzeitig ist „sich zu erkennen geben" eine auch in der nicht-religiösen Alltagssprache übliche Formulierung, die offen für christologische Deutungen unterschiedlichster Art ist. Ziel war es, eine Formulierung zu finden, die Gottesbilder mit einer Bezugnahme auf Jesus Christus indiziert, ohne dabei hinsichtlich bestimmter theologischer Deutungsmuster allzu sehr einzuschränken.

[28] Das deutet darauf hin, dass der nachlassende Glaube an Jesus Christus zumindest zum Teil auf einen demografischen Effekt zurückzuführen ist: Viele vor 1968 religiös sozialisierte Menschen treten nun in eine Lebensphase mit erhöhter Mortalität ein. Die Veränderungen insgesamt sind allerdings so stark, dass auch innerhalb aller Generationen von einem deutlichen Rückgang beim Glauben an Gott ausgegangen werden muss. Im Vergleich zur 2012 erhobenen 5. KMU ist unter den evangelischen Kirchenmitgliedern die Zustimmung zu auf Jesus Christus bezogenen Gottesvorstellungen von 61 % auf 29 % zurückgegangen, die Zustimmung zu „höheren Wesen"/„geistigen Mächten" von 23 % auf 33 % gestiegen, die „Weiß nicht"-Kategorie von 10 % auf 21 % und die Kategorie des pauschalen Nicht-Glaubens von 5 % auf 18 % angestiegen. Der Rückgang des Glaubens an Jesus Christus ist so stark, dass er nicht allein auf die von Kreitzscheck & Haensch (2019) festgestellte Verzerrung der Repräsentativität der 5. KMU zugunsten religionsaffiner Personen zurückgeführt werden kann.

Abbildung 2.5

Verteilung verschiedener Gottesbilder in der Bevölkerung Deutschlands

Aus vier vorgegebenen Antwortmöglichkeiten konnte eine als am ehesten zutreffend ausgewählt werden (Angaben in Prozent).

Ein an einem strafenden Richter-Gott orientiertes Gottesbild findet bei 7 % der Bevölkerung zumindest teilweise Zustimmung („Gott wird uns bestrafen, wenn wir nicht tun, was Gott will"), ein manichäisches Weltbild („In der Welt ringen überirdische Mächte des Guten und des Bösen miteinander") bei 14 %. Deutlich höher ist die Zustimmungsbereitschaft bei pantheistischen oder theistisch-humanistischen Vorstellungen: 43 % können der Aussage „Das Universum als Ganzes ist eine schöpferische Kraft, das ist für mich Gott" zumindest eher zustimmen, 49 % der Aussage „Meiner Meinung nach ist Gott nichts anderes als das Wertvolle im Menschen". Etwa gleich viel Zustimmung (46 %) erfahren Aussagen, die einen strikten Naturalismus betonen („Eine vom Körper unabhängige Seele gibt es nicht, alles läuft streng nach den bekannten Naturgesetzen ab").[29]

Religiöse Praktiken

Religiöse Praktiken sind, im Vergleich zu früheren Studien, nicht mehr weit verbreitet, sie sind rückläufig. 47 % der Bevölkerung beten nie. 11 % beten täglich, weitere 8 % bis zu einmal pro Woche, weitere 13 % zumindest mehrmals im Kalenderjahr,

---

[29] Im Fragebogen finden sich diese Items in der Itembatterie 52.

21 % seltener. 2 % der Befragten lesen täglich in der Bibel, weitere 9 % mehrmals im Jahr, 25 % seltener als einmal im Jahr und 64 % nie. Eine religiöse oder spirituelle Meditation praktizieren 11 % zumindest gelegentlich, 9 % fasten aus religiösen Gründen, 5 % nehmen an Pilger- oder Wallfahrten teil, 9 % an religiösen Großveranstaltungen.

Im Großen und Ganzen ist davon auszugehen, dass etwa 15–20 % der Bevölkerung einer regelmäßigen religiösen Praxis nachgehen. Das gelegentliche „Anzünden einer Kerze aus religiösen Gründen“ fällt mit 34 % Zustimmung höher aus, was Fechtner (2023) als „mild religiös“ bzw. „angedeutete Frömmigkeit“ bezeichnet.[30]

Religiöse Wirksamkeitserfahrungen

Auf der Erfahrungsebene ist das Spüren der Wirksamkeit einer transzendenten Realitätsebene bei Minderheiten in unterschiedlichen Graden verbreitet. Der Aussage „Ich spüre Gottes Gegenwart in meinem Leben“ stimmen 22 % zumindest eher zu, 21 % haben „schon erlebt, dass spirituelle Kräfte in meinem Leben eine Wirksamkeit entfalteten“, 24 % hatten „bei manchen Naturerlebnissen schon das Gefühl, eine heilige Macht zu spüren“. 8 % gaben an, schon die Erfahrung gemacht zu haben, „dass dunkle Mächte auf mein Leben einwirken“.[31] Bei Religiös-Offenen und Esoterischen treten solche Erfahrungen am häufigsten auf, bei Säkular-Geschlossenen quasi nie.

Religiöser Relativismus

Es ist ebenfalls festzustellen, dass die Wahrnehmung von Unterschieden zwischen verschiedenen Religionen nur sehr schwach ausgeprägt ist. 87 % der Bevölkerung stimmen folgender Aussage zu (davon 54 % voll und 33 % eher): „Keine Religion ist besser als andere – alle Religionen haben in gleichem Maße Recht oder Unrecht“. Entsprechend glauben 75 %: „Im Großen und Ganzen sind alle Weltreligionen ähnlich“. Dieser religiöse Relativismus findet sich in gleichem Ausmaß sowohl bei Kirchenmitgliedern als auch bei Konfessionslosen. So stimmten z. B. der zuerst genannten Aussage 86 % der Katholischen, 87 % der Evangelischen und 89 % der Konfessionslosen zu.[32]

---

30 Im Fragebogen haben die referierten Items die Nummern 53, 55 und 57a–e.
31 Im Fragebogen haben die referierten Items die Nummern 59l–o.
32 Im Fragebogen haben die referierten Items die Nummern 2j und 52f.

Zum Verständnis säkularer Orientierungen

Es gibt keine Hinweise darauf, dass sich kirchliche Religiosität in Richtung auf eine nicht-kirchliche Religiosität verschieben würde. Vielmehr nimmt Religiosität insgesamt ab, kirchennahe wie kirchenferne. Das Nicht-Religiöse wird allerdings erst dann zum „Säkularismus", wenn auch noch eine positive Identität mit hinzukommt, die sich in der Regel über eine Bezugnahme auf „Wissenschaft" definiert und von dieser Warte aus Religion als überflüssig und überholt ansieht (vgl. Wohlrab-Sahr & Kaden 2013). Dabei handelt es sich dann um eine über bloße Indifferenz hinausgehende szientistisch-naturalistische, religionsablehnende Weltanschauung. Die Ergebnisse der 6. KMU deuten darauf hin, dass solche Orientierungen in der Bevölkerung inzwischen starke Verbreitung gefunden haben. Der Aussage „Das moderne wissenschaftliche Weltbild hat Religionen überflüssig gemacht" stimmten 42 % zumindest eher zu, der Aussage „Alles in allem schadet Religion der Menschheit mehr, als sie nützt" 44 %, der Aussage „Mir selbst sind religiöse Fragen bedeutungslos und egal" 55 %, und der Aussage „Es befremdet mich und macht mich misstrauisch, wenn Menschen sehr religiös sind" 57 %. Das Antwortverhalten auf diese Fragen lässt sich in einem Säkularismus-Index[33] bündeln, der stark negativ (r = -0,70) mit dem aus Abbildung 2.1 bekannten Index für kirchennahe Religiosität korreliert, aber nur eine vergleichsweise schwache negative Korrelation (r = -0,29) mit dem Index für kirchenferne Religiosität zeigt. Das bedeutet, dass der Gegenpol des Säkularismus in erster Linie die Kirchen sind, weniger andere Religionsformen. Erwartungsgemäß korreliert der Säkularismus-Index auch eng mit naturalistischen Positionen wie der Ablehnung des Glaubens an ein Leben nach dem Tod (r_s = 0,56) oder einer „vom Körper unabhängigen Seele", weil „alles streng nach den bekannten Naturgesetzen abläuft" (r_s = 0,44).

Interessanterweise steht Säkularismus in keinem Zusammenhang mit dem Alter einer Person oder ihrer Schulbildung, sehr wohl aber mit dem Umstand, in der Kindheit nur selten mit Religion in Berührung gekommen zu sein (r = 0,35), sowie der Wahrnehmung von Anomie, also dass sich der gesellschaftliche Zusammenhalt und die soziale Ordnung immer mehr auflösten (r = 0,20). Wie sehr die Ausbreitung säkularer Orientierungen mit einem Nachlassen der Kirchenbindung zusammenhängt, zeigt Abbildung 2.6: Die Neigung zum Kirchenaustritt ist bei Personen, die gegenwärtig noch Kirchenmitglieder sind, umso höher, je ausgeprägter ihre säkulare Orientierung ist.

---

[33] Die genannten Items finden sich im Fragebogen in Itembatterie 59. Sie wurden in einem Summenindex zusammengefasst, der zwischen 0 (kein Säkularismus) und 1 (hoher Säkularismus) schwankt und eine hohe Reliabilität hat (Cronbachs Alpha = 0,82). Erwartungsgemäß haben im Modell religiös-säkularer Orientierungstypen die Säkularen sehr hohe Säkularismus-Werte, die Kirchlich-Religiösen sehr niedrige und die Distanzierten und Alternativen Werte im mittleren Bereich. Weitere in diesem Abschnitt herangezogene Items haben die Nummern 52b, 52g, 122, 155, 63e–g und 78.

Abbildung 2.6

Meinung zum Kirchenaustritt bei allen Befragten, die Kirchenmitglieder sind, in Abhängigkeit vom Ausmaß ihrer säkularen Orientierung

Index (0 = kein Säkularismus; 1 = hoher Säkularismus)

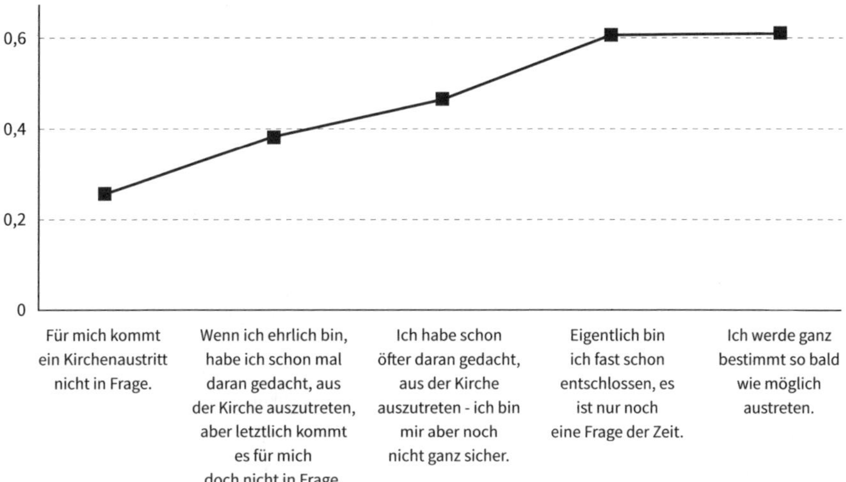

Die Befunde der 6. KMU legen nahe, dass der mögliche Entwicklungspfad einer Ausbreitung von Säkularismus im Sinne einer szientistischen Ideologie (Stenmark 1997; Stenmark 2001) ernster genommen werden muss. Das ist insofern überraschend, weil die in der aktuellen religionssoziologischen Literatur diskutierten und empirisch gut belegten neueren Modelle der Säkularisierung (Meulemann 2019; Pollack & Rosta 2022; Stolz 2020; Zander 2023) in der Regel keine Entwicklung hin zum Säkularismus annehmen, sondern eher von der Zunahme einer bloßen Indifferenz gegenüber religiösen Themen im Sinne einer „Transzendenzschrumpfung" ausgehen.

Perspektiven für das Handeln der Kirchen

Als Konsequenzen für das zukünftige Handeln der Kirchen sind folgende Schlussfolgerungen denkbar:

- Kirchliches Handeln kann auf der Basis empirischer Daten nicht mehr davon ausgehen, dass Religiosität eine anthropologische Konstante ist, die nicht zurückgehen könne. Sinnvoller ist es, sich Religion als ein kulturelles Phänomen vorzustellen, das – wie andere kulturelle Phänomene auch – Phasen der Ausbreitung oder des

Rückgangs durchlaufen kann. Wenn Religion aus dem Leben von Einzelnen verschwinden kann, dann kann sie sogar aus Gesellschaften verschwinden. Es gibt kein anthropologisches Auffangnetz für kirchliches Handeln.

- Kirchenferne Religiosität ist keine ernsthafte Konkurrenz für die Kirchen. Denn sie unterliegt ebenso einer deutlichen gesellschaftlichen Marginalisierung und Destabilisierung. Die Kirchen bzw. organisierten Religionsgemeinschaften sind nach wie vor die wichtigsten Repräsentantinnen von Religion in Deutschland. Ein „believing without belonging" lässt sich nur bei relativ wenigen empirisch feststellen.

- Die Kirchen sind nicht nur hinsichtlich ihrer Mitgliederbasis in eine Minderheitensituation geraten, sondern noch viel deutlicher im Hinblick auf kirchliche Religiosität. Für eine bevorstehende Trendwende finden sich in der 6. KMU keine Anhaltspunkte. Zu konstatieren ist eine Krise des religiösen Glaubens, der religiösen Praxis, des religiösen Erfahrens und der religiösen Kommunikation, sicherlich mit wechselseitigen Verstärkungseffekten.

- Säkulare sind aus verschiedenen Gründen eine wichtige Zielgruppe. Sie sind inzwischen gesellschaftlich majoritär. Auch unter den Kirchenmitgliedern ist ihr Anteil nicht unerheblich, und sie zu ignorieren, käme einer Selbstmarginalisierung gleich. Säkulare sind mit einer religiösen Sprache schwer erreichbar. Die Kirche muss daher ihre Anstrengungen verstärken, ihre Botschaft in einer Sprache zu formulieren, die anschlussfähig ist. Die Hinwendung zu Menschen, die der gegenwärtigen Kultur der kirchlichen Organisation bestenfalls lose verbunden sind, muss jedoch gleichzeitig die nach wir vor relevante Gruppe der traditionell Verbundenen im Auge behalten. Kirchliches Handeln ist insofern Herausforderungen ausgesetzt, die miteinander in Spannung stehen. Den Wandel hin zu einem minoritären und zugleich gesellschaftlich selbstbewussten, für Einzelne relevanten Christentum zu moderieren und zu gestalten, stellt für die Kirche eine Aufgabe dar, die ihre Kräfte und Ressourcen aufs Äußerste anspannen wird.

- In diesem Kontext gilt es, durch das Beschreiten neuer religionshermeneutischer Wege Kontakt zu Menschen zu finden, die ganz unterschiedliche Einstellungen zu Religion und Kirche haben und in ganz unterschiedlichen Lebenssituationen stehen. Wie kann der Mehrwert religiösen Erlebens, Denkens und Handelns Menschen vermittelt werden, die Religion aus ihrem Leben verabschiedet haben? Zugespitzt könnte man Säkulare z. B. dazu einladen, sich spielerisch auf „nützliche Fiktionen" einzulassen. Das bedeutet, auch Annahmen einmal vorläufig zuzulassen, die man selbst für unplausibel hält, solange sie nur lebenspraktisch hilfreich sind, individuell oder sozial.

- Mit Blick auf die Religiös-Distanzierten, die größenteils Mitglieder der Kirche sind, besteht eine Herausforderung darin, möglichst viele in der Organisation Kirche zu halten, etwa durch passende Angebotsstrukturen (inkl. gezielter Mitgliederorientierung und -kommunikation). Es gilt zu verdeutlichen, weshalb eine Zugehörigkeit zur Kirche sinnvoll oder auch nützlich ist. Die Befunde zeigen, dass ein Zugang zu den Distanzierten vor allem über Quest-Religiosität und die Begleitung in „schwierigen Lebenssituationen“ möglich ist.

- Zudem gilt es, die gesellschaftliche Relevanz von Kirche aufzuzeigen, auszubauen und zu stabilisieren. Gesellschaftliche Relevanz hängt nicht allein von der Mitgliederzahl ab. Wo besondere Potenziale und Erwartungen an die Kirchen im Hinblick auf gesellschaftliche Relevanz liegen, wird in späteren Kapiteln aufgezeigt.

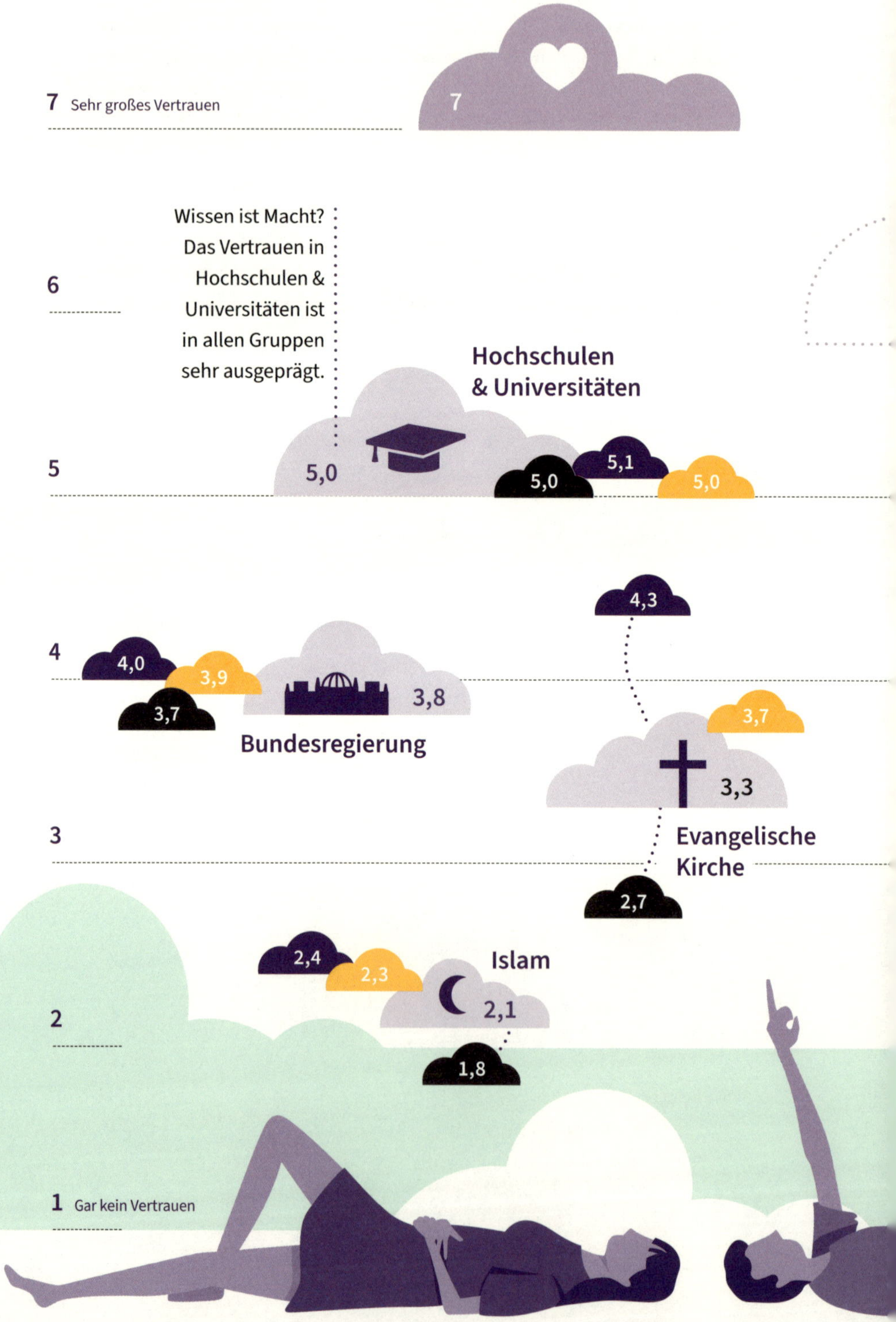

7 Sehr großes Vertrauen

6

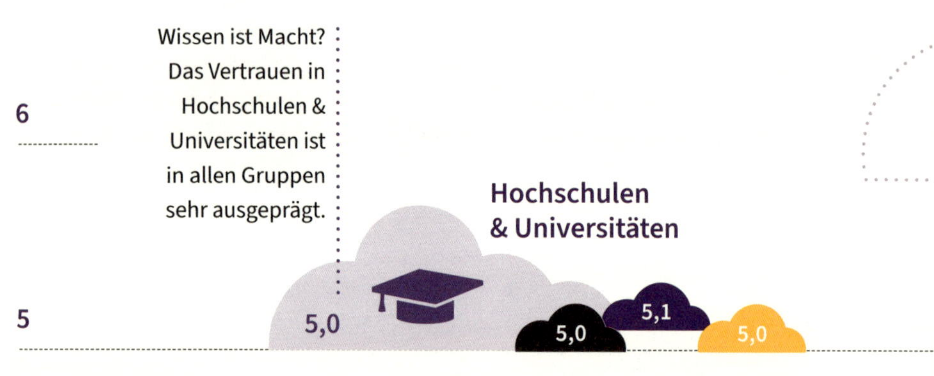

5

4,3

4

4,0
3,9
3,7
3,8
Bundesregierung

3,7
3,3
Evangelische Kirche

3

2,7

2,4
2,3
Islam
2,1

2

1,8

1 Gar kein Vertrauen

Vertrauen in die Kirchen

Vertrauen in verschiedene Einrichtungen auf einer Skala von eins bis sieben – differenziert nach Konfessionen

- Gesamtbevölkerung
- Evangelisch
- Katholisch
- Konfessionslos

Datenbasis: KMU 6

3. Haltungen zu den Kirchen

Was bedeutet die aufgezeigte Großwetterlage der Religiosität und Säkularität in Deutschland nun speziell für die Kirchenmitgliedschaft? Welche Haltungen und Erwartungen gegenüber den Kirchen werden deutlich? Wie werden kirchliche Angebote wahrgenommen und eingeschätzt?

Entkirchlichung und räumliche Durchmischung

In der 6. KMU wurden erstmals alle Konfessionswechsel im Lebensverlauf abgefragt.[34] Demnach haben 71 % der in Deutschland lebenden Menschen ihre Konfessionszugehörigkeit niemals verändert (dazu zählen auch Konfessionslose, die dies schon immer waren). 25 % sind aus ihrer ursprünglichen Religionsgemeinschaft ausgetreten und nun konfessionslos, 1,5 % waren ursprünglich konfessionslos und sind dann einer Religionsgemeinschaft beigetreten, und 2,5 % sind zwischen verschiedenen Konfessionen gewechselt. Letzteres stellt die verbreitete Annahme einer religiösen „Individualisierung" zumindest teilweise in Frage: Ein Wechsel zwischen verschiedenen Religionsgemeinschaften müsste viel häufiger stattfinden, wenn sich Menschen mit individualisierten religiösen Orientierungen entsprechende Angebote mit der höchsten Passung aussuchen. Eine individuelle Wahl zwischen verschiedenen Religionsgemeinschaften ist aber offenbar eine seltene Ausnahme. Wenn Menschen in religiösen Angelegenheiten tatsächlich individuell wählen, dann bleibt dies offensichtlich im Hinblick auf Zugehörigkeiten zu religiösen Organisationen weitgehend folgenlos.

Wenn diejenigen, die aus einer Kirche austreten, sich nicht an eine andere religiöse Organisation binden, bedeutet dies, dass im Ergebnis allein die Zahl der Konfessionslosen deutlich wächst. Wir haben es mit einem Prozess der Entkirchlichung zu tun. Bei keiner einzigen Religionsgemeinschaft in Deutschland, die quantitativ von Relevanz ist, überwiegen die Übertritte die Austritte (auch nicht bei der Summe der Freikirchen), soweit sich das im Rahmen der statistischen Unsicherheiten bei einer Repräsentativstichprobe mit gut 5.000 Befragten sagen lässt. Man sollte deshalb mit Blick auf die Religionszugehörigkeit nicht von religiöser „Pluralisierung" sprechen. Das suggeriert eine Ausdifferenzierung der religiösen Landschaft durch

[34] Die Begriffe „Religionsgemeinschaft" und „Konfession" werden hier synonym verwendet, denn das sogenannte „Stammbaummodell" von Religion ist aus den von Dreßler (2019) genannten Gründen problematisch. Nachfolgend werden die Fragen 3 bis 14 des Fragebogens ausgewertet.

Übertritte oder Neugründungen, was sich empirisch kaum belegen lässt. Was wir empirisch allerdings beobachten können, ist eine starke räumliche konfessionelle *Durchmischung* aufgrund von Migrationsströmen. Diese Wanderungsbewegungen – sowohl innerhalb Deutschlands als auch transnational – haben die früheren regionalen konfessionellen Muster aufgelöst, und zwar in Verbindung mit einer fortschreitenden Entkirchlichung. Für eine „Pluralisierung" religiöser Verhältnisse, die sich auf eine individuelle Wahl von Zugehörigkeit zurückführen ließe, gibt es in den Daten der 6. KMU keinen Anhaltspunkt, weil abgesehen vom Kirchenaustritt eine individuelle Wahl von Zugehörigkeit kaum stattfindet.

Mittels der KMU-Daten kann untersucht werden, welche Religionszugehörigkeit die Befragten ursprünglich hatten (d. h. die biografisch erste Zugehörigkeit im Lebensverlauf). Durch einen Vergleich mit der aktuellen Zugehörigkeit kann der prozentuale Mitgliederabfluss für jede Religionsgemeinschaft errechnet werden. Am geringsten ist demnach die Bestandserhaltung bei der Mitgliedschaft der evangelischen Kirche: Hier sind 59 % der früheren Mitglieder bis zum Befragungszeitpunkt Mitglied geblieben. Bei der katholischen Kirche ist dieser Anteil mit 68 % etwas höher.[35] Entgegen einer weit verbreiteten Vermutung ist auch bei den Freikirchen und anderen kleineren christlichen Gemeinschaften die Bestandserhaltung mit 73 % nicht wesentlich höher als bei der katholischen Kirche. Auch bei den Freikirchen sind 25 % der ursprünglichen Mitglieder in die Konfessionslosigkeit abgeflossen; 2 % traten in eine Gliedkirche der EKD über. Große Ströme in die Gegenrichtung – also Zuflüsse, die die Abflüsse der Freikirchen überkompensieren könnten – gibt es nicht. Die mit weitem Abstand größte Bestandserhaltung hat mit 92 % die Gruppe der Konfessionslosen. Wer konfessionslos aufgewachsen ist, bleibt also mit sehr hoher Wahrscheinlichkeit das ganze Leben konfessionslos. Nur 8 % derjenigen, die als Kind keine religiöse Zugehörigkeit hatten, treten später einer Religionsgemeinschaft bei.

Verbundenheit mit den Kirchen

An das Thema der aufgekündigten Mitgliedschaft schließt sich die Frage an, wie es sich mit dem subjektiven Verbundenheitsgefühl zur Kirche verhält. Von allen gegenwärtigen evangelischen Kirchenmitgliedern fühlen sich 67 % zumindest etwas mit ihrer eigenen Kirche verbunden, davon 8 % sehr verbunden. Bei den katholischen Kirchenmitgliedern sind es mit 57 % (davon 7 % sehr verbunden) etwas weniger. Die ostdeutschen Evangelischen fühlen sich mit 82 % (davon 14 % sehr verbunden) deut-

[35] Es handelt sich um den kumulierten Effekt über die gesamte bisherige Lebenszeit der Befragten, deshalb hat sich die seit wenigen Jahren zu beobachtende höhere Kirchenaustrittsrate bei den Katholischen im Vergleich zu den Evangelischen hier noch nicht ausgewirkt. Bis etwa 2015 waren die Austrittsraten bei den Evangelischen höher als bei den Katholischen.

Abbildung 3.1

Häufigkeitsverteilungen von Typen persönlicher Verbundenheit zur eigenen Kirche bzw. zum christlichen Glauben ...

Angaben in Prozent

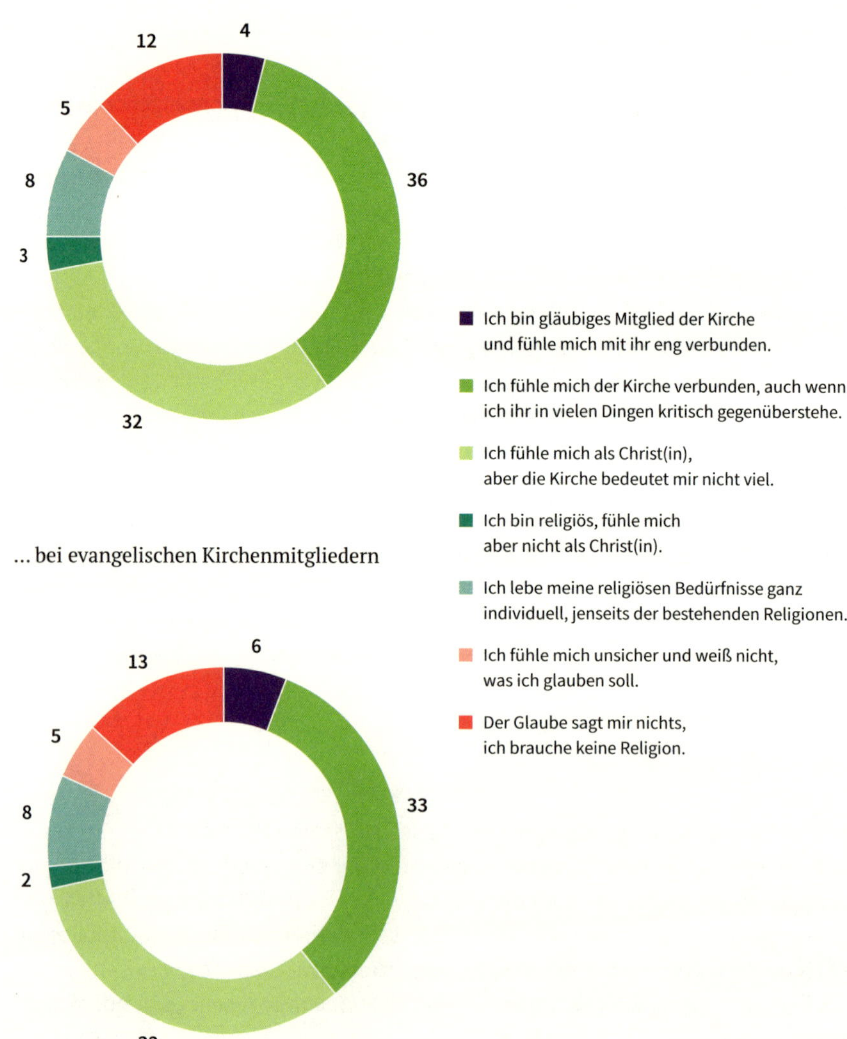

lich öfter zumindest etwas mit ihrer Kirche verbunden als die westdeutschen Evangelischen (65 %). Es ist also in der 6. KMU ein Ost-West-Effekt nachweisbar, der sich schwächer ausgeprägt auch bei katholischen Kirchenmitgliedern findet (64 % vs. 57 %).[36] Die zunehmende christliche Minderheitensituation in Ostdeutschland geht inzwischen offenbar mit einer Stärkung kirchlicher Mitgliedschaftsidentität bei den verbliebenen Kirchenmitgliedern einher. Auch wenn dieser tendenzielle Unterschied zwischen Ost und West nicht überinterpretiert werden sollte – derart verschiedene Welten sind Ost- und Westdeutschland inzwischen nicht mehr –, ist dies ein bemerkenswerter Befund, weil er in früheren KMUs nicht festgestellt werden konnte.

31 % der evangelischen Kirchenmitglieder geben an, dass das Verbundenheitsgefühl zu ihrer Kirche im Vergleich zu früher nachgelassen hat, 9 % berichten von einer Stärkung. Bei den katholischen Kirchenmitgliedern ist diese Relation deutlicher: Hier trat bei 62 % ein Rückgang der Verbundenheit ein, 4 % berichteten von einer Zunahme.[37]

Abbildung 3.1 gibt differenziert Aufschluss, wie die Kirchenmitglieder ihre Beziehung zur Kirche und zum christlichen Glauben sehen.[38] Katholische und evangelische Kirchenmitglieder unterscheiden sich hier kaum, die Werte sind nahezu identisch: Jeweils etwas mehr als ein Viertel der Kirchenmitglieder sehen sich nicht als Christ oder Christin. Ein weiteres Drittel fühlt sich zwar als Christ(in), die Kirche wird allerdings nicht als bedeutsam erlebt. Unter den verbleibenden ca. 40 % an Kirchenmitgliedern, die sich der Kirche verbunden fühlen, betonen die meisten, dass diese Verbundenheit bestehe, obwohl sie der Kirche „in vielen Dingen kritisch gegenüberstehen". Nur 4 % der katholischen und 6 % der evangelischen Kirchenmitglieder sagen von sich selbst: „Ich bin gläubiges Mitglied der Kirche und fühle mich mit ihr eng verbunden". Kirchenmitglieder insgesamt als „Gläubige" zu bezeichnen, ist deshalb empirisch unzutreffend.

Verbundenheit zu Organisationsebenen der Kirche

In komplexen Organisationen, wie es Kirchen sind, kann sich subjektive „Verbundenheit" in ganz unterschiedlichem Ausmaß auf die Teilstrukturen der Organisationen beziehen. Deshalb wurde in der 6. KMU gefragt, mit welchen kirchlichen Organisationsebenen sich die Befragten am stärksten verbunden fühlen.[39] Unter den evangelischen Kirchenmitgliedern nennen 64 % an erster oder zweiter Stelle die

36 Ausgewertet wurden die Fragen 21 und 22.
37 Ausgewertet wurde die Frage 26.
38 Ausgewertet wurden die Fragen 68 und 69.
39 Ausgewertet wurden die Fragen 73 bis 76.

örtliche Kirchengemeinde, es folgen der regionale Kirchenbezirk (22 %), die Evangelische Kirche in Deutschland (18 %), die Landeskirche (12 %) und die Kirche weltweit (10 %). Der zweite Platz für den regionalen Kirchenbezirk mag zunächst erstaunen. Diese Einschätzung dürfte wohl weniger aus näheren Kenntnissen der regionalen Kirchenstrukturen resultieren als daraus, dass Regionalbewusstsein ganz generell in den letzten Jahrzehnten als Bezugspunkt von Identität an Bedeutung gewonnen hat. Die unterschiedlich starke Wahrnehmung verschiedener organisationaler Ebenen sollte nun allerdings nicht dazu verleiten, sie gegeneinander auszuspielen, da sie unterschiedliche Funktionen erfüllen können. So erweisen sich lokale Strukturen für soziale Kontakte als zentral, während etwa zur Frage, für welche Positionen „die Kirche" stehe, eher die EKD den hauptsächlichen Referenzpunkt darstellt.

Für die katholischen Kirchenmitglieder ergibt sich eine andere Rangfolge von Nennungen: Auch hier steht an erster Stelle die örtliche Kirchengemeinde (55 %), dann folgen kirchliche Verbände (17 %), die Kirche weltweit (11 %), die katholische Kirche in Deutschland (10 %), Bistum/Diözese (8 %), geistliche Gemeinschaften (8 %) und an letzter Stelle der Papst (6 %).

Vertrauen in die Kirchen

Geht das Vertrauen in die Kirche als Organisation zurück, äußert sich dies in der Regel früher oder später in nachlassender kirchlicher Verbundenheit, so positiv frühere biografische Erfahrungen mit kirchlichem Leben auch gewesen sein mögen. Es ist deshalb ein bemerkenswerter Befund, dass sich Katholische und Evangelische bei der derzeit vorhandenen „Verbundenheit" faktisch nicht unterscheiden, sich aber beim Vertrauen in die jeweils eigene Kirche große Unterschiede zwischen den beiden Konfessionen zeigen (siehe Infografik auf Seite 40/41).[40] Das Vertrauen in verschiedene Einrichtungen konnte auf einer Skala von 1 (= überhaupt kein Vertrauen) bis 7 (= sehr großes Vertrauen) bewertet werden. Die evangelische Kirche schnitt dabei bei ihren Mitgliedern besser als die Bundesregierung und nur wenig schlechter als Diakonie/Caritas oder die Justiz ab. Die katholische Kirche wird von ihren eigenen Mitgliedern im Hinblick auf das Vertrauen gegenüber der Organisation deutlich kritischer bewertet und liegt auf dem gleichen Niveau wie politische Parteien. Katholische vertrauen der evangelischen Kirche mehr als ihrer eigenen Kirche. Auch die Außenwahrnehmung der Konfessionslosen ist aufschlussreich: Aus deren Perspektive liegt die katholische Kirche auf dem letzten Bewertungsplatz, gleichauf mit dem Islam (diese Einschätzung teilen auch evangelische Kirchenmitglieder). Die evangelische Kirche sehen Konfessionslose etwa auf dem Niveau der

---

[40] Ausgewertet wurden die Fragen 36a–h.

Abbildung 3.2

Vertrauen in die jeweils eigene Kirche

Angaben jeweils differenziert nach kirchlich-religiösen, distanzierten und säkularen Kirchenmitgliedern

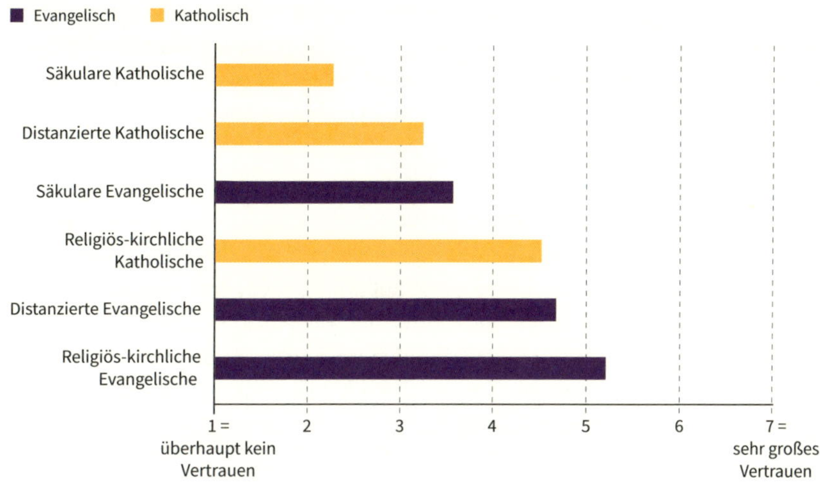

politischen Parteien, während Diakonie und Caritas auch von Konfessionslosen höher geschätzt werden.

Eine weitergehende Auswertung (Abbildung 3.2) ergibt: Sogar der engere religiöse Kreis der katholischen Kirchenmitglieder (jene Katholischen, die dem Orientierungstyp der Kirchlich-Religiösen in Abbildung 2.1 auf Seite 19 angehören) hat ein vergleichsweise mäßiges Vertrauen in die eigene Kirche – niedriger als das Vertrauen der *distanzierten* Mitglieder der evangelischen Kirche in die eigene Kirche. Die Daten weisen im Blick auf die katholische Kirche auf eine grundlegende und umfassende Vertrauenskrise hin.

Der aufgezeigte Vertrauensschwund scheint grundsätzlicher Natur zu sein und dürfte nicht nur auf einzelne Skandale zurückgehen. Gefragt, ob sich die jeweils eigene Kirche grundlegend verändern müsse, wenn sie eine Zukunft haben wolle (Abbildung 3.3), stimmen die Mitglieder beider Kirchen sehr deutlich zu – die Mitglieder der katholischen Kirche tun dies wesentlich entschiedener. Auch im kirchlich-religiösen Milieu wird diese Frage kaum anders beantwortet. Vor allem innerhalb der katholischen Kirche zeichnet es sich nahezu als allgemeiner Konsens ab, dass es so wie bisher nicht weitergehen könne und eine grundlegende Veränderung notwendig sei.[41]

---

[41] Die nachfolgend dargestellten Befunde gehen auf die Itembatterien 142–144 zurück.

Dass die Veränderungen, die es in den letzten Jahren in der jeweils eigenen Kirche gab, zumindest schon in die richtige Richtung gingen, meint etwa die Hälfte der katholischen Kirchenmitglieder (Abbildung 3.4). Die andere Hälfte sieht die eingeschlagene Richtung problematisch. Unter evangelischen Kirchenmitgliedern ist eine solche Polarisierung weniger zu beobachten. Hier meint eine stabile Mehrheit von mehr als drei Vierteln, dass die von ihrer Kirche eingeschlagene Richtung richtig sei. Welche konkrete „Richtung" nun zukünftig aus Sicht der Mehrheit der Kirchenmitglieder eingeschlagen werden soll, ergibt sich aus diesen Befunden freilich noch nicht. Dazu sind – im Folgenden – weitere Fragestellungen auszuwerten.

Welche „Richtung" von der überwiegenden Mehrheit der Kirchenmitglieder erwartet wird, kann man an ihren Einstellungen zu sogenannten „heißen Eisen" der binnenkirchlichen Diskussion ablesen: Soll die Kirche homosexuelle Partnerschaften segnen? Soll sie den Zölibat aufheben? Die Abbildungen 3.5 und 3.6 verdeutlichen die Einstellungen der Befragten: Auch unter den religiösen Kirchenmitgliedern – und diese sind die noch eher kirchenverbundenen – wird eine konservative Position klar abgelehnt. Katholische unterscheiden sich bei der Haltung zu diesen Fragen auch in keiner erkennbaren Weise von Evangelischen oder Konfessionslosen, also

Abbildung 3.3

These: *„Die (jeweils eigene) Kirche muss sich grundlegend verändern, wenn sie eine Zukunft haben will."*

Meinungsbild differenziert nach Konfessionszugehörigkeit; kirchlich-religiöse Kirchenmitglieder sind gesondert ausgewiesen; Angaben in Prozent

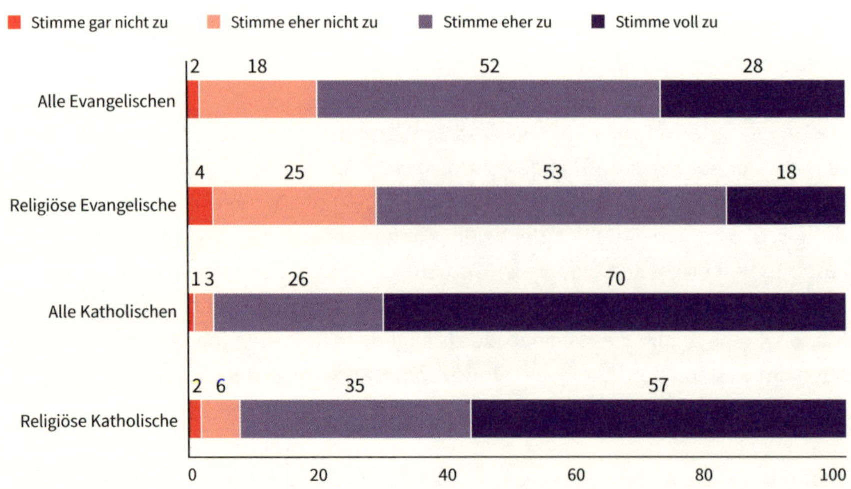

Abbildung 3.4

These: *„Die Veränderungen, die es in den letzten Jahren in der (jeweils eigenen) Kirche gab, gingen schon in die richtige Richtung."*

Meinungsbild differenziert nach Konfessionszugehörigkeit; kirchlich-religiöse Kirchenmitglieder sind gesondert ausgewiesen; Angaben in Prozent

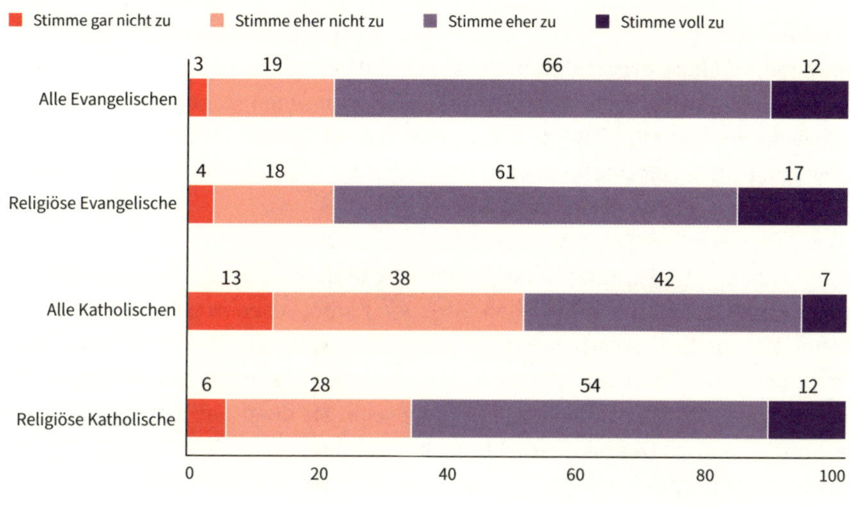

Abbildung 3.5

These: *„Die katholische Kirche sollte die Heirat von Priestern zulassen."*

Meinungsbild differenziert nach Konfessionszugehörigkeit; kirchlich-religiöse Kirchenmitglieder sind gesondert ausgewiesen; Angaben in Prozent

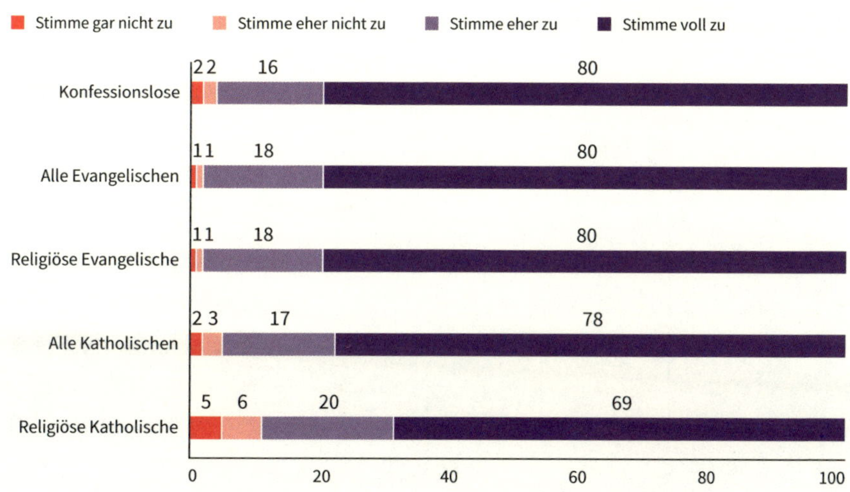

der umgebenden Mehrheitsgesellschaft. Es ist aus soziologischer Sicht nicht plausibel, dass Normen, die so wenig Akzeptanz finden, über einen längeren Zeitraum hinweg erfolgreich aufrechterhalten werden können. Allein der Versuch, dies zu tun, führt mit hoher Wahrscheinlichkeit zu „Abstoßungsreaktionen", Konflikten und weiteren Mitgliederverlusten.

Auf zwei weiteren Feldern sind die Befragungsergebnisse ähnlich: beim Wunsch nach mehr ökumenischer Zusammenarbeit statt konfessioneller Profilierung (Abbildung 3.7) und bei der Forderung nach demokratischen Mitentscheidungsmöglichkeiten für alle Mitglieder in kirchlichen Organisationen (Abbildung 3.8). Noch deutlicher als Evangelische erwarten Katholische – auch die kirchlich-religiösen Katholischen – ökumenische Zusammenarbeit.

Die Position, dass Führungspersonen der Kirche durch die Kirchenmitglieder demokratisch gewählt werden sollten, wird von Katholischen in gleicher Weise vertreten wie von Evangelischen. Erstaunlich ist hier, dass dem auch Konfessionslose mit großem Nachdruck beipflichten. Da es sie selbst gar nicht betrifft, hätte man von ihnen eher Gleichgültigkeit und damit eine Meidung der Extrempositionen erwarten können. Das ist aber nicht zu beobachten. Auch die zunehmend durch Konfessionslosigkeit geprägte Gesellschaft sieht demokratische Mitentscheidungs-

---

Abbildung 3.6

These: *„Die Kirchen sollten homosexuelle Partnerschaften segnen."*

Meinungsbild differenziert nach Konfessionszugehörigkeit; kirchlich-religiöse Kirchenmitglieder sind gesondert ausgewiesen; Angaben in Prozent

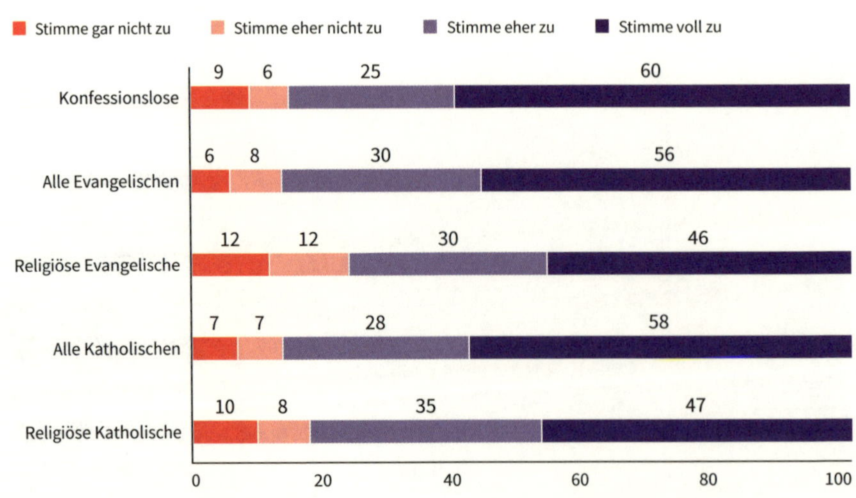

möglichkeiten offenbar als einen so hohen Wert an, dass eine Kirche hier in eine Außenseiterposition gerät, wenn sie dem nicht hinreichend nachkommt.

Wichtig mit Blick auf die Bestimmung der zukünftigen Ausrichtung der Kirchen ist auch, ob von ihnen erwartet wird, dass sie sich auf die Beschäftigung mit religiösen Fragen beschränken. Das wird sowohl von evangelischen wie katholischen Kirchenmitgliedern mit Zwei-Drittel-Mehrheiten verneint (siehe Abbildung 3.9). Lediglich Konfessionslose wünschen mehrheitlich – wenn auch nicht allzu deutlich – die Einhegung der Kirchen in einem „religiösen Reservat" – vermutlich mit der Intention, die Gesellschaft von religiös-kirchlichen Einflüssen weitgehend freizuhalten. Die weitere Aufschlüsselung konkreter Tätigkeitsfelder zeigt jedoch, dass sogar Konfessionslose mehrheitlich von den Kirchen die Erfüllung gesellschaftlicher Aufgaben erwarten, die über den Bereich des Religiösen hinausgehen. Beispielsweise befürworten 78 % der Konfessionslosen, dass die Kirchen Beratungsstellen für Menschen mit Lebensproblemen betreiben (Abbildung 3.10). Auch unter Kirchenmitgliedern findet diese Forderung eine so deutliche Zustimmung, dass sie über jede Zustimmung zu religiösen Aussagen hinausgeht. Man kann dies im Sinne von Fürstenberg (1999) als Entwicklung hin zur „Sozialreligion" bezeichnen oder auch als „sozioreligiöse Praxis".

Abbildung 3.7

These: *„Evangelische und katholische Kirche sollten mehr zusammenarbeiten und nicht so sehr ihr eigenständiges Profil betonen."*

Meinungsbild differenziert nach Konfessionszugehörigkeit; kirchlich-religiöse Kirchenmitglieder sind gesondert ausgewiesen; Angaben in Prozent

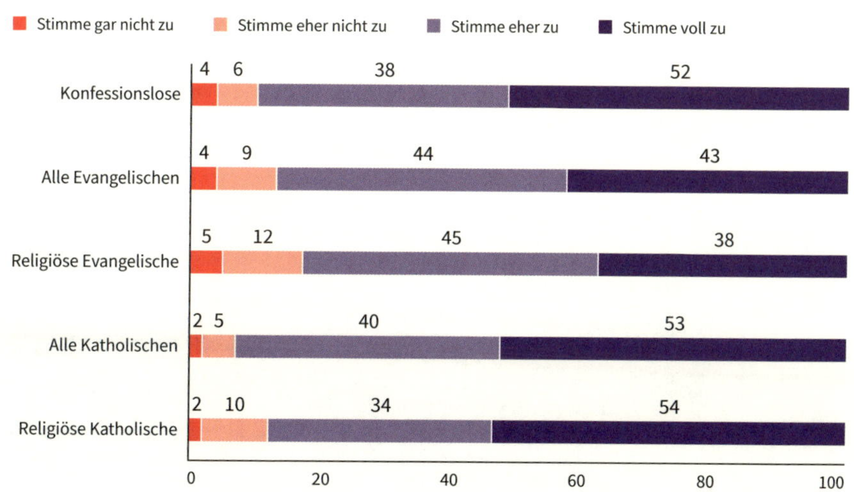

Abbildung 3.8

These: *„Die Führungspersonen der Kirchen sollten durch die Kirchenmitglieder demokratisch gewählt werden können."*

Meinungsbild differenziert nach Konfessionszugehörigkeit; kirchlich-religiöse Kirchenmitglieder sind gesondert ausgewiesen; Angaben in Prozent

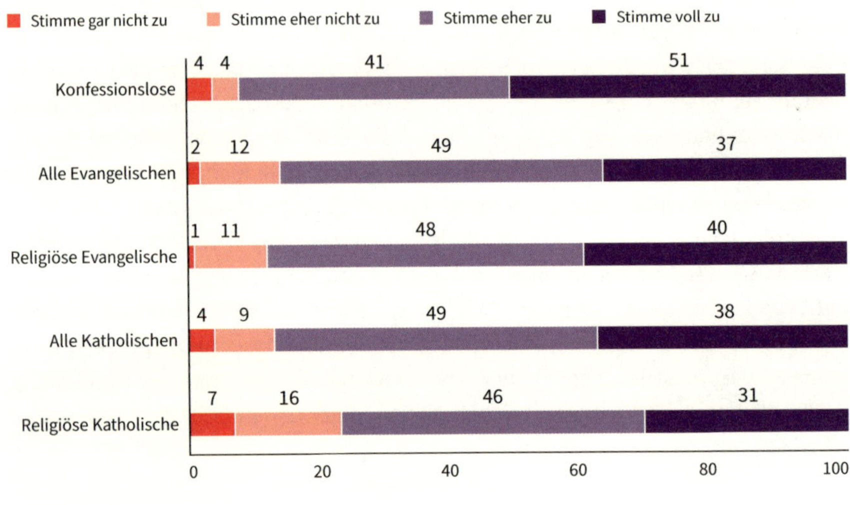

Abbildung 3.9

These: *„Die Kirchen sollten sich auf die Beschäftigung mit religiösen Fragen beschränken."*

Meinungsbild differenziert nach Konfessionszugehörigkeit; kirchlich-religiöse Kirchenmitglieder sind gesondert ausgewiesen; Angaben in Prozent

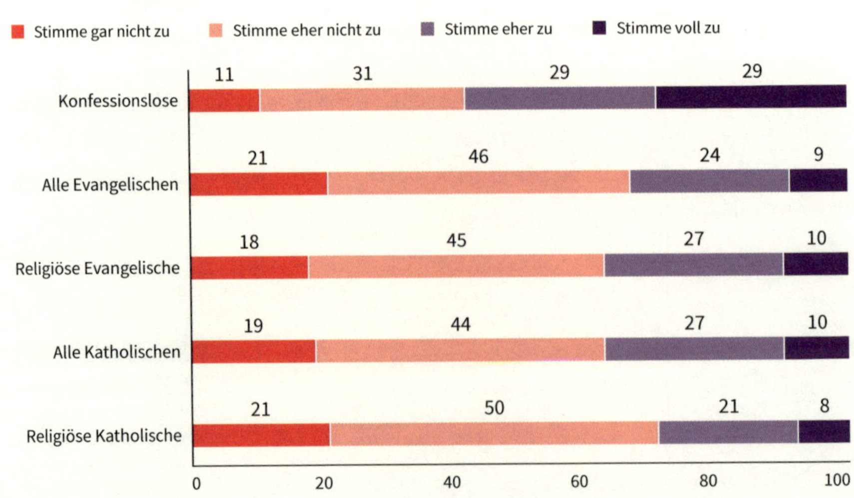

Anlässlich der Initiative der EKD, ein Seenotrettungsschiff im Mittelmeer zur Bergung von Geflüchteten mitzufinanzieren, wurde die Frage in die Erhebung aufgenommen, ob sich die Kirche konsequent für Geflüchtete und die Aufnahme von Geflüchteten einsetzen solle. Abbildung 3.11 zeigt: Ja, sehr deutliche Mehrheiten begrüßen diese Positionierung, sowohl unter den Kirchenmitgliedern, in der Teilgruppe der Kirchlich-Religiösen als auch unter den Konfessionslosen. Sich umfassend für Geflüchtete einzusetzen, war und ist eine kirchliche Maßnahme, die auf breite Akzeptanz stößt.

Eine differenziertere Lage zeigt sich zur Frage, ob die Kirchen Tageseinrichtungen für Kinder unterhalten sollten (Abbildung 3.12). Sehr stark befürwortet wird dies durch die religiösen Kirchenmitglieder, bei nicht-religiösen Kirchenmitgliedern zeigt sich eine Skepsis bei noch mehrheitlicher Befürwortung, während bei den Konfessionslosen die Ablehnung überwiegt. Allerdings sind es immer noch 42 % der Konfessionslosen, die sich für kirchliche Kindergärten aussprechen.

Deutlicher ist der hier aufgezeigte Trend, wenn man auf die Haltung zu einer kirchlichen Mitverantwortung beim Religionsunterricht an öffentlichen Schulen blickt

---

Abbildung 3.10

These: *„Die Kirchen sollten Beratungsstellen für Menschen mit Lebensproblemen betreiben.“*

Meinungsbild differenziert nach Konfessionszugehörigkeit; kirchlich-religiöse Kirchenmitglieder sind gesondert ausgewiesen; Angaben in Prozent

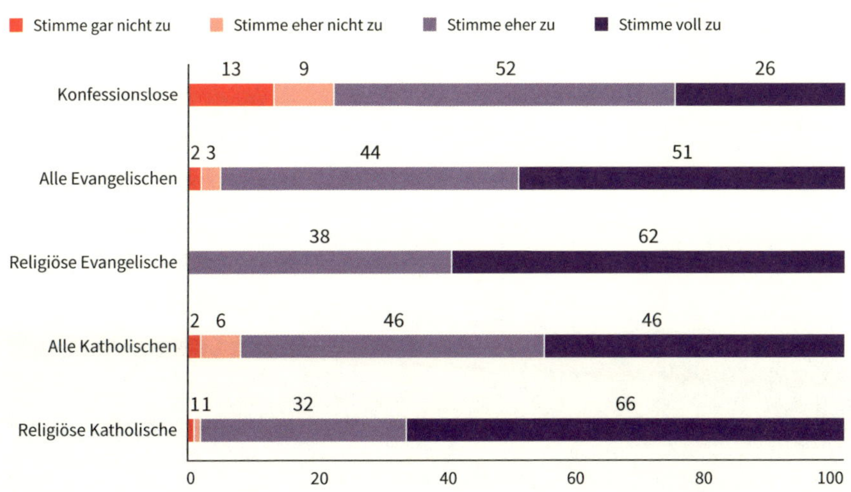

Abbildung 3.11

These: *„Die Kirchen sollten sich konsequent für Geflüchtete und die Aufnahme von Geflüchteten einsetzen."*

Meinungsbild differenziert nach Konfessionszugehörigkeit; kirchlich-religiöse Kirchenmitglieder sind gesondert ausgewiesen; Angaben in Prozent

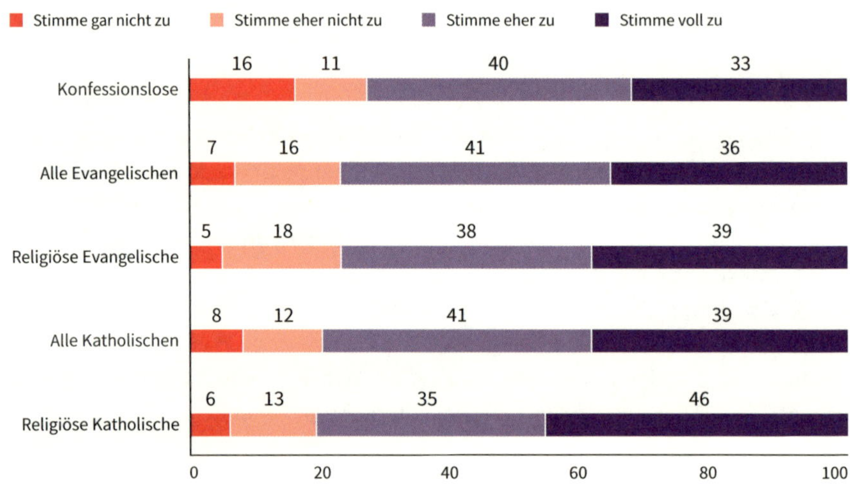

Abbildung 3.12

These: *„Die Kirchen sollten Kindergärten unterhalten."*

Meinungsbild differenziert nach Konfessionszugehörigkeit; kirchlich-religiöse Kirchenmitglieder sind gesondert ausgewiesen; Angaben in Prozent

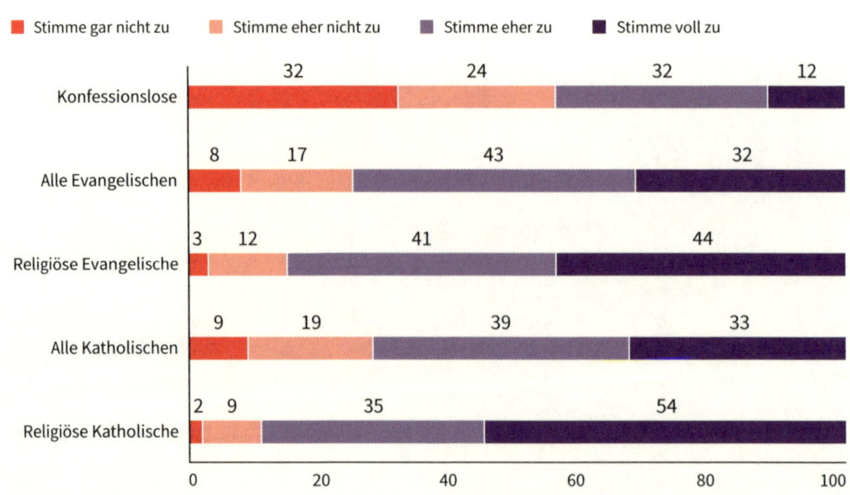

Abbildung 3.13

These: *„Die Kirchen sollten Religionsunterricht an allen öffentlichen Schulen mitverantworten."*

Meinungsbild differenziert nach Konfessionszugehörigkeit; kirchlich-religiöse Kirchenmitglieder sind gesondert ausgewiesen; Angaben in Prozent

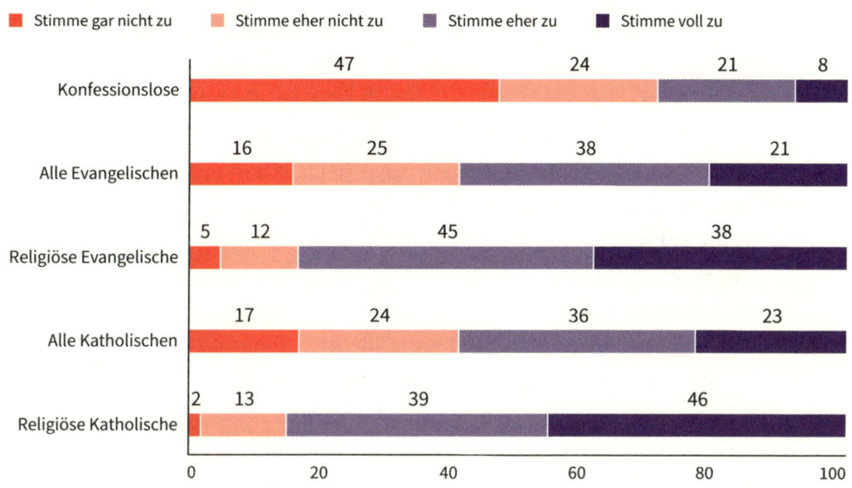

(Abbildung 3.13). Dem stimmen gut 80 % der religiösen Kirchenmitglieder beider Konfessionen zu, aber nur knapp 60 % aller Kirchenmitglieder. Unter den Konfessionslosen stimmen etwa 30 % für eine kirchliche Mitverantwortung beim Religionsunterricht. Es wird also je nach Themengebiet von den Menschen unterschieden, wo die staatliche Zuständigkeit in Abgrenzung zu den Tätigkeitsbereichen zivilgesellschaftlicher Akteure (wie z. B. der Kirchen) beginnt. Es ist kein genereller Trend erkennbar, die Kirchen thematisch auf das Spielfeld der Religion beschränken zu wollen. Es sind vielmehr spezifische Sachgebiete, in denen Kirchen als gesellschaftliche Akteure respektables Ansehen genießen, wo ihnen hohe Erwartungen entgegengebracht werden. Den Kirchen werden auch von Menschen, die mit Religion wenig anfangen können, wichtige soziale Aufgaben zugeschrieben.

Religionsunterricht an Schulen

Der schulische Religionsunterricht wurde in der 6. KMU durch insgesamt 20 Fragen untersucht.[42] Insgesamt zeigen die Ergebnisse, dass sich in den letzten Jahrzehn-

[42] Behandelt werden nachfolgend die Itembatterien 133, 134 und 144a.

ten innerhalb der grundgesetzlich vorgegebenen organisatorischen Rahmenbedingungen (staatlich-kirchliche Kooperation) ein bemerkenswerter Wandel in der Wahrnehmung des Religionsunterrichts vollzogen hat: Im Rückblick auf den eigenen Religionsunterricht wird er von den Befragten von Generation zu Generation zunehmend als plural und weniger als konfessionell ausgerichtet empfunden. Sie erinnern sich daran, dass verschiedene Religionen behandelt wurden, freie Diskussionen großen Raum einnahmen und der Religionsunterricht gemeinsam mit Schülerinnen und Schülern stattfand, die anderen Religionsgemeinschaften angehörten oder konfessionslos waren. Dieser Wandel der Inhalte, Kommunikationsformen und Adressatenkreise des Religionsunterrichts findet nicht nur statt, sondern er wird von den Befragten auch ausdrücklich begrüßt und als wirksam erlebt. Die wahrgenommene Relevanz des Religionsunterrichts für das eigene Leben und für Haltungen zu religiösen Fragen ist umso höher, je stärker der Unterricht eine offene Diskussionskultur aufwies und andere Religionen behandelte. Eine kirchliche Mitwirkung am Religionsunterricht steht allerdings zunehmend unter Rechtfertigungsdruck: Von der heute ältesten Generation (70-Jährige und älter) hin zu den aktuell jüngsten Befragten (14–29-Jährige) wird die Ablehnung einer kirchlichen Mitwirkung am Religionsunterricht immer größer, sie nimmt in der Generationenfolge von 40 % auf 70 % zu. Dies tangiert jedoch nicht die Einschätzungen des Religionsunterrichts als (un-)wichtig oder Forderungen, ihn beizubehalten oder abzuschaffen. Sie sind vom 14. bis zum 70. Lebensjahr relativ konstant und hängen sehr stark mit der erlebten Wirksamkeit zusammen. Die Position, dass der Religionsunterricht generell abgeschafft werden solle, findet keine Mehrheit.

Der Aussage „Das Schulfach Religion sollte neutral über alle Religionen informieren, ohne sich einer bestimmten religiösen oder weltanschaulichen Richtung verpflichtet zu fühlen" stimmen 85 % der Bevölkerung zu. Unter den Konfessionslosen sind es 91 %, unter den katholischen Kirchenmitgliedern 79 % und unter den evangelischen Kirchenmitgliedern 82 %. Auf ähnliche Zustimmungswerte kommt die Aussage „Im Schulfach Religion sollten Schulkinder unterschiedlicher Religionszugehörigkeit gemeinsam unterrichtet werden": 83 % der Bevölkerung befürworten das, darunter 89 % der Konfessionslosen, 77 % der Katholischen und 81 % der Evangelischen.

Diesen Erwartungen kann folgendes Ergebnis der 6. KMU zur Seite gestellt werden: Im Vergleich zu unterrichtsbezogenen Aspekten hat eine konfessionelle Heterogenität der Klassen nur einen geringen Einfluss auf die wahrgenommene Wirksamkeit des Religionsunterrichts. Auch die Unterschiede zwischen einzelnen Bundesländern, in welchem Grade Religionsunterricht als wirksam wahrgenommen wird, sind eher marginal, obwohl die Bundesländer teilweise sehr unterschiedliche Organisationsformen des Religionsunterrichts haben.

Der Religionsunterricht nach Artikel 7, Absatz 3 des Grundgesetzes steht damit vor der doppelten Herausforderung, die kirchliche Mitverantwortung in theoretischer wie praktischer Hinsicht besser zu plausibilisieren und den bereits eingeschlagenen Weg der konfessionellen Kooperation, des interreligiösen Lernens und des gemeinsamen Lernens mit Konfessionslosen stärker zu profilieren.

Warum treten Menschen aus den Kirchen aus?

Die Kirchenbindung von Menschen sinkt rapide. Im Vergleich zur 5. KMU aus dem Jahr 2012 geben deutlich weniger evangelische Kirchenmitglieder an, dass für sie ein Kirchenaustritt nicht in Frage komme (35 % gegenüber vormals 74 %).[43] Auch wenn die Befunde der Vorgänger-KMU wegen einer Überrepräsentation von Kirchennahen mit Verzerrungen behaftet waren (Kreitzschek & Haensch 2019), bleibt der Abwärtstrend dennoch dramatisch. Dem entsprechen die stark angestiegenen realen Austrittszahlen.[44] Dies gilt analog für katholische Kirchenmitglieder, allerdings verschärft: Lediglich 27 % der Katholischen schließen heute noch einen Kirchenaustritt für sich selbst aus.

Bei den Motiven für Kirchenaustritte gibt es deutliche Unterschiede zwischen Evangelischen und Katholischen. Vereinfacht kann man sagen, dass Evangelische vor allem deshalb austreten, weil ihnen das Thema Religion und Kirche in einem längeren biografischen Prozess gleichgültig geworden ist. Bei den Katholischen spielen hingegen Emotionen wie Zorn und Wut über die eigene Kirche eine viel größere Rolle als eine schleichende Gleichgültigkeit. Ärger über Mitarbeitende der Kirche und kirchliche Stellungnahmen, über die Ungleichbehandlung von Frauen, hierarchische und undemokratische Strukturen, Unglaubwürdigkeit und kirchliche Skandale – all dies wird von (ehemaligen wie heutigen) Katholischen viel öfter als (potenzieller oder tatsächlicher) Kirchenaustrittsgrund angegeben als von Evangelischen. Diese Befunde decken sich im Wesentlichen mit der Kirchenaustrittsstudie von Ahrens (2022).

Fragt man Personen, die einen Kirchenaustritt erwägen, was die Kirche tun müsste, damit sie nicht austreten, erfährt die Forderung, die Kirche müsse „deutlicher bekennen, wie viel Schuld sie auf sich geladen hat", die höchste Zustimmung (77 %). Die schwächste Zustimmung von allen angebotenen Aussagen erfährt die Meinung,

[43] Im Fragebogen finden sich die Fragen zum Kirchenaustritt in den Itembatterien 78 bis 84.

[44] Diejenigen Kirchenmitglieder, die 2012 die größte Austrittsneigung hatten, dürften inzwischen überwiegend längst ausgetreten sein, so dass eigentlich zu erwarten wäre, dass jetzt die weniger Austrittsgeneigten verblieben sind und dadurch der Anteil der Austrittsgefährdeten sinkt. Dass genau das Gegenteil zu beobachten ist und trotz bereits erfolgter massiver Austritte der Prozentsatz der Austrittsbereiten weiter und derart dramatisch steigt, ist ein alarmierendes Zeichen der Instabilität.

die Kirche solle sich zur Vermeidung von Austritten „stärker auf religiöse Fragen konzentrieren" (25 %). Es sind also nicht etwa Defizite bei den religiösen Angeboten, die Menschen überwiegend zum Kirchenaustritt bewegen. Wesentlich höher ist mit 43 % die Zustimmung zur Aussage „Ich würde nicht austreten, wenn sich die Kirche gesellschaftlich-politisch stärker engagieren würde". Dass die schon zitierte starke Zustimmung zur Forderung, die Kirche müsse „deutlicher bekennen, wie viel Schuld sie auf sich geladen hat", auf Folgerungen im Bereich Machtverteilung und Strukturfragen zielt, zeigt die mit 66 % ebenfalls sehr hohe Zustimmung zur Aussage „Ich würde nicht austreten, wenn sich die Kirche radikal reformiert".[45] 27 % der Kirchenmitglieder, die einen Austritt in Betracht ziehen, erklären: „Die Kirche kann tun, was sie will, irgendwann trete ich ohnehin aus". Der Kirche werden also noch Handlungsmöglichkeiten eingeräumt, um die Mehrheit der potenziellen Kirchenaustritte zu vermeiden. Die Daten weisen klar darauf hin, dass dafür grundlegende Reformen erwartet werden, einschließlich einer deutlichen Abgrenzung zur bislang „auf sich geladenen Schuld". Bleibt ein solcher deutlich erkennbarer „neuer Aufbruch" aus, wird es wahrscheinlicher, dass viele der möglichen Kirchenaustritte nicht mehr zu verhindern sein könnten. Derjenige Anteil an evangelischen Kirchenmitgliedern, die 2012 in der 5. KMU erklärt hatten, „ganz bestimmt so bald wie möglich auszutreten", war drei Jahre später tatsächlich vollständig ausgetreten. Diejenigen, die damals erklärt hatten, dass sie „eigentlich" zum Austritt bereit seien und dies „nur noch eine Frage der Zeit" sei, waren acht Jahre später zahlenmäßig tatsächlich vollständig ausgetreten.

Überträgt man diese Erfahrungswerte auf die in der 6. KMU ermittelten Befunde, dann gelangt man zu folgender Prognose: Im Zeitraum 2023–2025 ist mit dem Austritt von insgesamt fast einer Million evangelischer Kirchenmitglieder zu rechnen, im Zeitraum bis 2030 mit dem Austritt von insgesamt 3,2 Millionen Menschen. Da die Kirche zusätzlich auch durch den demografischen Wandel bzw. bedingt durch eine sinkende Taufquote an Mitgliedern verliert, ist bei dieser Geschwindigkeit damit zu rechnen, dass die von der „Freiburger Studie" (Peters & Gutmann 2021) vorausgesagte Halbierung der Mitgliederzahl bis zum Jahr 2060 tatsächlich bereits in den 2040er Jahren erreicht sein dürfte. Dies ist eine Dynamik, die sich bei der katholischen Kirche gegebenenfalls sogar noch schneller vollziehen könnte.

Eine strikt lineare Entwicklung erscheint allerdings unrealistisch. Die erste KMU im Jahr 1972 stellte unter dem Titel „Wie stabil ist die Kirche?" eine noch recht hohe Stabilität der Kirchenmitgliedschaft fest: 83 % aller evangelischen Kirchenmitglieder schlossen damals einen Kirchenaustritt aus (Hild 1974, S. 114). Über

[45] 59 % geben an, sie würden nicht austreten, wenn die Kirchensteuer abgeschafft würde. Zur Bewertung der Kirchensteuer wird der wissenschaftliche Auswertungsband eine umfassende Analyse enthalten.

Jahrzehnte hinweg, so die damalige Annahme, werde deshalb die Mitgliederzahl langsam schrumpfen, ohne dass ein disruptiver Einbruch zu befürchten sei. Diese Deutung hat sich lange Zeit bestätigt. Stellt man die gleiche Frage heute, angesichts der Datenlage der nunmehr 6. KMU, so lautet die Antwort anders: Die Kirche scheint jetzt an einem Kipppunkt angelangt zu sein, der schon in den nächsten Jahren in erhebliche Instabilitäten und disruptive Abbrüche hineinführen kann.

Religiöse Sozialisation in der Kindheit

Für nachlassende kirchliche Bindung wird oft ein Rückgang der religiösen Sozialisation in der Kinder- und Jugendzeit verantwortlich gemacht, vor allem innerhalb der Familien. Die Daten der 6. KMU zeigen, dass in den vor 1954 geborenen Generationen[46] die Religion in der Kindheit eine wesentlich größere Rolle gespielt hat als bei späteren Generationen. In den nachfolgenden Generationen nimmt die Bedeutung von Religion in der Familie während der Kindheit allerdings nicht weiter ab. Nur bei der jüngsten Befragungsgruppe (14–20-Jährige) ist nochmals ein deutlicher Einbruch zu beobachten. Ein stetiger Schwund von Religionsbezügen in den Familien ist demnach nicht festzustellen. Deshalb kann dies nicht die zentrale Ursache für den Verlust kirchlicher Bindungen sein. Denkbar und wahrscheinlich ist, dass sich mit dem allgemeinen Wertewandel die Art und Weise verändert hat, wie sich Familien mit dem Thema Religion befassen. Das hat auch Auswirkungen auf die kirchliche Bindungsintensität.

Frühere KMUs haben angenommen, dass die Familie – vor allem die Mutter – die entscheidende Rolle bei der religiösen Sozialisation spielt. Allerdings waren da andere mögliche Sozialisationsfaktoren wenig im Blick der Befragung. In der 6. KMU wurde an dieser Stelle die Konfirmation neu mit aufgenommen. 70 % der evangelischen Befragten nennen in der 6. KMU die Konfirmation als Antwort auf die Frage, wer/was in ihrer Kinder- und Jugendzeit einen Einfluss darauf hatte, wie sich ihre spätere Einstellung zu religiösen Fragen entwickelt hat. An zweiter Stelle folgt die Mutter (64 %), an dritter Stelle der Religionsunterricht in der Schule (45 %), an vierter Stelle der Vater (40 %), an fünfter Stelle kirchliche Jugendgruppen (36 %), dann die Großeltern (35 %). Acht weitere Antwortoptionen[47] liegen unter 30 %. Bei den katholischen Befragten liegt die Mutter an erster Stelle (73 %), knapp dahinter die Erstkommunion/Firmung (69 %), dann folgt der schulische Religionsunter-

[46] Das sind jene Generationen, die in der kritischen Sozialisationsphase noch nicht vom kulturellen Umbruch erfasst wurden, der mit dem Jahr 1968 verbunden wird.

[47] Zur Auswahl gestellt wurden noch: Geschwister; Freunde; Bücher, Zeitschriften, Filme und andere Medien; Erfahrungen im Kindergarten; Christenlehre; Erfahrungen mit hauptamtlichen bzw. ehrenamtlichen Mitarbeitenden der Kirche.

richt (52%), der Vater (50%), die Großeltern (48%) und kirchliche Jugendgruppen (39%).[48] Auch hier liegen alle acht anderen Antwortoptionen unter 30%. Das zeigt, dass neben der familiären Sozialisation Angeboten, die die Kirchen verantworten (Konfirmation/Firmung/Erstkommunion; Religionsunterricht; kirchliche Jugendgruppen), eine erhebliche Bedeutung für die spätere Einstellung zu Religion und Kirche zukommt. Hier haben Kirchen Einfluss, durch je passende Angebote Einstellungen zu Religion und Kirche langfristig mitzuprägen. Dabei unterschätzen die oben genannten Zahlen die relative Wirksamkeit dieser Angebote noch, denn während fast alle Befragten Mutter und Vater erlebt haben dürften, haben sich z. B. nicht alle konfirmieren lassen oder am Religionsunterricht teilgenommen. Wählt man z. B. nur diejenigen evangelischen Befragten aus, die konfirmiert wurden, dann zeigt sich: 74% aller Konfirmierten, die heute noch evangelisch sind, haben ihre Konfirmation als bedeutsam im Blick darauf erlebt, wie sich ihre spätere Einstellung zu religiösen Fragen entwickelt hat.[49] Wer an kirchlichen Angeboten teilnimmt, erlebt diese meist als positiv wirksam. Die Herausforderung für kirchliches Handeln besteht darin, mit teilweise sinkenden Teilnahmequoten umzugehen.

Teilnahmequoten an kirchlichen Angeboten

Etwa 92% der ursprünglich evangelischen Befragten sind konfirmiert. Es zeigt sich eine stabile Situation bzgl. der Teilnahme an der Konfirmation bei den heutigen evangelischen Jugendlichen. Die Teilnahmequote ursprünglich katholischer Befragter an der Firmung liegt bei 86%. Die Attraktivität der Firmung hat in der jüngsten katholischen Altersgruppe der heute 14–20-Jährigen stark nachgelassen (65% Teilnahmequote). Die Erstkommunion hingegen weist mit einer Teilnahmequote von 97% unter allen ursprünglich Katholischen derzeit eine hohe Stabilität auf.[50]

Auf die Gesamtbevölkerung bezogen ist die Teilnahmequote am Religionsunterricht von Generation zu Generation in allen Schulklassen stabil; ein abnehmender Trend nach Altersgruppen lässt sich nicht zeigen. In der 1. bis 9. Jahrgangsstufe hatten 77% der Bevölkerung Religionsunterricht, 52% in der 10. bis 13. Jahrgangsstufe, sofern sie in diesen Jahren zur Schule gingen.[51]

35% der Bevölkerung haben als Kind einen kirchlichen Kindergarten besucht. Diese soziale Praxis ist stabil. Bei jenen Befragten, die in den letzten zehn Jahren ein Kind

[48] Die Itembatterien 123 und 124 enthalten die Frage zur religiösen Sozialisation in der Kindheit.

[49] Unter allen Konfirmierten sind es 64%, da manche davon zwischenzeitlich aus der evangelischen Kirche ausgetreten sind.

[50] Itembatterie 125 enthält diese Fragen.

[51] Siehe Itembatterie 132.

mit Kindergarten-Besuch hatten, gingen die Kinder zu 43 % in einen kirchlichen Kindergarten. Für die Eltern hat der regelmäßige Kontakt mit einem kirchlichen Kindergarten ihre Einstellung zur Kirche in der Regel (77 %) nicht verändert – in 12 % der Fälle verbessert, bei 11 % verschlechtert. Auf die Kirchlichkeit der Eltern haben Kontakte zu kirchlichen Kindergärten in der Summe keinen Effekt.[52]

Der Anteil der Gesamtbevölkerung, der als Kind oft Angebote der kirchlichen Kinder- und Jugendarbeit wie Gruppen oder Freizeiten besucht hat, nimmt von Generation zu Generation nicht ab.[53] Das sind auffällige Befunde angesichts der Tatsache, dass gleichzeitig die Entkirchlichung voranschreitet und Religiosität schwindet. Demnach ist die Reichweite von Kirche in die Gesellschaft hinein weiterhin groß, viele der durch die Kirchen bereitgestellten sozialen Gelegenheitsstrukturen werden unvermindert wahrgenommen. Gleichzeitig sinken die Religiosität und die Bindung an die Organisation Kirche. Die zunehmende Spannung zwischen der Wahrnehmung von kirchlichen Gelegenheiten und abnehmender organisationaler Bindung setzt die Kirchen unter erheblichen Druck, dieses Feld zwischen hoher gesellschaftlicher Reichweite und abnehmender Kirchlichkeit zu bearbeiten.

Der Anteil der Getauften an der Gesamtbevölkerung geht von Generation zu Generation deutlich zurück.[54] Der Prozentsatz der Nicht-Getauften beträgt in der Generation ab dem 70. Lebensjahr 2 % (bezogen auf die Gesamtbevölkerung), unter den heute 45–69-Jährigen 19 %, unter den heute 14–44-Jährigen 27 %. Das liegt nicht nur an einer Zunahme der schon immer Konfessionslosen und nicht-christlicher Zuwanderung aus dem Ausland, sondern auch an einer nachlassenden Taufbereitschaft unter den Kirchenmitgliedern. Auf die Frage „Angenommen, Sie hätten heute zu entscheiden, ob Ihr Kind getauft werden soll oder nicht: Wie würden Sie entscheiden?" optieren unter den heutigen evangelischen Kirchenmitgliedern ab dem 60. Lebensjahr 91 % für die Taufe, unter den 45–59-Jährigen 84 %, unter den 30–44-Jährigen 75 % und unter den 14–29-Jährigen 71 %. Unter den katholischen Kirchenmitgliedern sind diese Werte fast identisch (91 %; 84 %; 83 %; 72 %). Obwohl die Taufquote hoch liegt und nur langsam sinkt, ist ein deutlicher Schwund der Taufbereitschaft von Kirchenmitgliedern festzustellen, der voraussichtlich auch Folgen für die zukünftige Taufquote hat.[55]

---

52 Items 114–116 und 122f.

53 Item 122h. Eine in den Daten sichtbare Reduzierung bei den aktuell 14–16-Jährigen könnte teilweise coronabedingt sein, teilweise darauf zurückzuführen sein, dass Gruppenteilnahmen ab dem 16. Lebensjahr für diese Altersgruppe noch nicht mitberücksichtigt sein können, weil sie noch in der Zukunft liegen. Insofern ist diese Abweichung gegenwärtig noch nicht sicher interpretierbar.

54 Item 124.

55 Item 139.

40 % der Gesamtbevölkerung haben kirchlich geheiratet oder beabsichtigen, im Fall einer Eheschließung vor den Traualtar zu treten. Gegenwärtig gibt es in dieser Frage unter den Befragten keine großen Unterschiede zwischen den Generationen. Der Rückgang des Anteils kirchlicher Trauungen an der Gesamtzahl aller Trauungen in den letzten Jahrzehnten war demnach kein Generationeneffekt, sondern ein sogenannter „Fahrstuhleffekt", d. h., alle Generationen haben sich gleichzeitig von einem früher höheren Niveau auf etwa 40 % bewegt.[56]

Der Wunsch nach einer kirchlichen Bestattung ist bei den Kirchenmitgliedern in der Generation der heute mindestens 70 Jahre alten Befragten recht hoch (Evangelische: 79 %, Katholische: 82 %). Bei den Befragten, die sich gegenwärtig in der Lebensmitte befinden, ist er deutlich niedriger (Evangelische: 65 %, Katholische: 63 %), um bei den jüngeren Befragten wieder zuzunehmen (Evangelische: 75 %, Katholische: 68 %). Bei Konfessionslosen ist der Wunsch nach einer kirchlichen Bestattung über alle Generationen hinweg stabil gering bei etwa 5 %.[57]

Zur Interpretation dieser doch recht unterschiedlichen Trends zu den klassischen Kasualien ist ein weiterer Befund zu berücksichtigen: Diejenigen Befragten, die angaben, im zurückliegenden Jahr mindestens einmal einen Gottesdienst besucht zu haben, nannten als Anlass dafür zu 89 % einen Kasus/ein Sakrament wie Taufe, Konfirmation, Erstkommunion oder Beerdigung. Weihnachtsgottesdienste folgen mit 80 %, alle anderen Anlässe sind weit abgeschlagen.[58] Kasualgottesdienste haben also von allen Gottesdiensten die größte Breitenwirkung. Sie stellen eine wichtige Kontaktstelle auch zu denjenigen Menschen dar, die nur noch wenige andere Berührungspunkte zum kirchlichen Leben haben. Diese Bedeutsamkeit gilt trotz des deutlichen Rückgangs der Kasualgottesdienste insgesamt.

Gottesdienste

Der Stellenwert von Gottesdienstbesuchen ist für Kirchenmitglieder zurückgegangen. In der 4. KMU von 2002 hatten 33 % der Evangelischen in Westdeutschland und 53 % der Evangelischen in Ostdeutschland angegeben, dass es zum *Evangelisch-Sein* dazugehöre, zur Kirche zu gehen. 2022 haben in der 6. KMU auf die leicht abgewandelte Frage, ob es zum *Christsein* dazugehöre, in die Kirche zu gehen, 11 % der Evangelischen im Westen diese Frage bejaht, im Osten 19 %. Ähnlich stellt sich der Befund für die Katholischen im Jahr 2022 dar: Im Westen geben 15 % an, dass der Kirchgang zum Christsein dazugehöre, im Osten sind es 27 %. Konfessions-

[56] Itembatterien 32 und 33.
[57] Item 141.
[58] Itembatterie 89.

Abbildung 3.14

Anteil der Personen, die häufiger als einmal pro Jahr an einem Gottesdienst teilnehmen

Angaben in Prozent; Datenbasis: Allgemeine Bevölkerungsumfrage der Sozialwissenschaften (ALLBUS) (1990–2021), Ergebnisse der 6. KMU (2023)

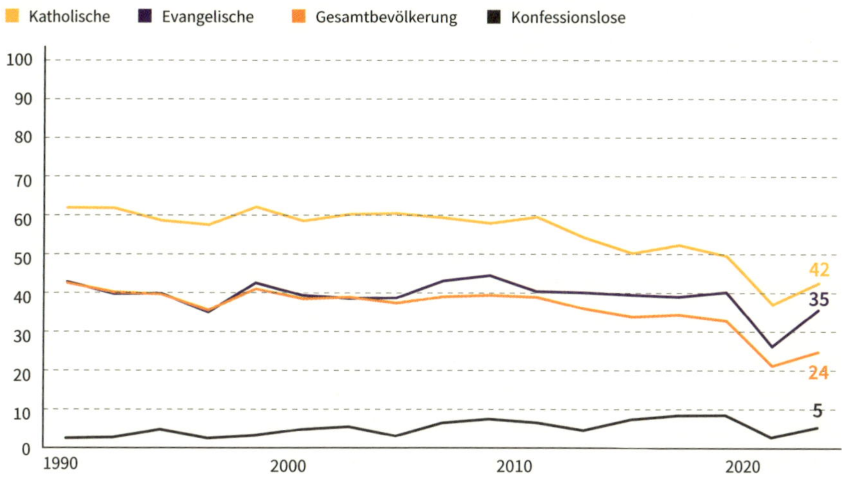

lose schreiben dem Kirchgang für das Christsein eine höhere Bedeutung zu als die Kirchenmitglieder selbst: Im Westen geben dies 18 % der Konfessionslosen an, im Osten 19 %. Für wenige Menschen hat der Kirchgang im Blick auf das gelebte Christsein eine wichtige Bedeutung. Auffällig ist, dass der Kirchgang eher von Menschen, die der Kirche fernstehen, als notwendig für das Christsein erachtet wird – notwendiger, als dies Evangelische oder Katholische für sich selbst gelten lassen. In dieser Außenperspektive der kirchenfernen Konfessionslosen lebt ein traditionell-konventionelles Gottesdienstbild weiter, das Kirchenmitglieder mehrheitlich so nicht teilen.[59]

Abbildung 3.14 zeigt die zeitliche Entwicklung des Gottesdienstbesuchs von 1990 bis heute anhand einer Kombination von Daten aus der alle zwei Jahre erhobenen Allgemeinen Bevölkerungsumfrage der Sozialwissenschaften (ALLBUS) mit den Befunden der 6. KMU.[60] Es ergibt sich, dass die Teilnahme an Gottesdiensten zwar den Tiefstand durch die Corona-Pandemie überwunden und wieder zugenommen hat, allerdings bislang deutlich unter dem vorpandemischen Niveau geblieben ist. Ob

[59] Itembatterie 77.

[60] Item 85.

das Vor-Corona-Niveau wieder erreicht werden wird, kann derzeit nicht empirisch abgebildet werden. Vor der Pandemiezeit gaben etwa 40 % der Evangelischen an, mindestens mehrmals jährlich an einem Gottesdienst teilzunehmen, was ein recht stabiler Wert war. Unter den Katholischen war bereits seit etwa 2010 ein deutlicher Rückgang des Kirchgangs zu verzeichnen. Das hat dazu geführt, dass sich das früher sehr unterschiedliche Kirchgangsniveau von Katholischen und Evangelischen heute fast angeglichen hat.[61] Weil der Bevölkerungsanteil der Konfessionslosen immer weiter zunimmt und diese zu etwa 5 % an Gottesdiensten teilnehmen, ist der Anteil der Gesamtbevölkerung, die mehrmals jährlich an Gottesdiensten teilzunehmen angibt, von knapp 40 % bis 2010 auf jetzt 24 % deutlich gefallen.

Die 6. KMU fragt ebenfalls nach Beweggründen für den Besuch von Gottesdiensten. Die mit 81 % höchste Zustimmung erfährt dabei das ästhetisch ansprechende Erleben „des Kirchenraums, der Musik, der ganzen Atmosphäre". Es folgt der Wunsch nach einer guten Predigt (70 %), dass „ich für mich sein und meinen Gedanken nachhängen kann" (59 %), der Wunsch, dass „es meinen Glauben stärkt" (54 %), und Bekannte und Freunde zu treffen (45 %). Vergleichsweise geringe Zustimmung wird geäußert, wenn es darum geht, im Gottesdienst „etwas vom Heiligen zu erleben" (25 %) oder „gesagt zu bekommen, wie ich leben und denken sollte" (10 %).[62] Es überwiegen demnach ästhetische Motive und die Predigt, teilweise geht es auch darum, Gemeinschaft zu erfahren. „Heiliges" oder eine normative Orientierung werden überwiegend nicht gesucht.

Motive für Kirchenmitgliedschaft

Diese auf den Gottesdienst bezogene Sachlage kann man spiegeln an den Motiven, mit denen Befragte ihre Kirchenmitgliedschaft begründen.[63] „Ich bin in der Kirche, weil sie sich für Solidarität und Gerechtigkeit in der Welt und die Zukunft der Menschheit einsetzt" und „Ich bin in der Kirche, weil sie etwas für Arme, Kranke und Bedürftige tut" stehen mit deutlichem Abstand an erster Stelle – also soziale Motive, denen auch nicht-religiöse Menschen zustimmen können. Im mittleren Zustimmungsbereich rangiert die Aussage, dass die Kirche einen „inneren Halt" gebe, und „weil ich einmal kirchlich bestattet werden möchte". Eine Mitgliedschaft qua Konvention – „weil sich das so gehört" – wird überwiegend abgelehnt. Kirchenmitgliedschaft ist begründungspflichtig geworden, nicht mehr die Konfessions-

[61] Beim wöchentlichen Kirchgang, den der Katechismus der römisch-katholischen Kirche als verpflichtend für Kirchenmitglieder vorsieht, ist der Unterschied noch deutlicher: 8 % der Katholischen kommen dem derzeit nach. Bei den Evangelischen gehen 3 % wöchentlich zur Kirche, unter den Konfessionslosen 0,1 %.

[62] Itembatterie 91.

[63] Itembatterie 81.

losigkeit. Die geringste Zustimmung von allen präsentierten Antwortmöglichkeiten erfährt die Aussage „Ich bin in der Kirche, weil ich in der Kirche in Kontakt mit dem Heiligen komme". Wenige Menschen erwarten von der Kirche „Heiliges" oder spirituelle Impulse.

Perspektiven für das Handeln der Kirchen

Als Konsequenzen für das zukünftige Handeln der Kirchen sind folgende Schlussfolgerungen denkbar:

- Bei den anstehenden kirchlichen Entscheidungen wird es angesichts der Ambivalenz unterschiedlicher Auswertungsergebnisse wichtig sein, einen nüchternen Blick auf die Datenlage zu behalten, um die Handlungspotenziale und Chancen zu entdecken, die diese Befunde in sich tragen.

- Die Konfirmationszeit hat eine hohe Bedeutung für die religiöse Sozialisation und die längerfristige kirchliche Bindung. Deshalb sind die in den letzten Jahren verstärkten Bemühungen um die Konfirmandenarbeit und ihre Verknüpfung mit der kirchlichen Jugendarbeit sinnvolle Maßnahmen. Es gilt, weiterhin an die Konfirmation anschließende Formen der Vernetzung und Gemeinschaftsbildung aufzubauen und zu stärken. Die katholische Kirche könnte entsprechend über eine Stärkung der Firmung nachdenken, etwa durch eine weitergehende Einbindung in die Jugendarbeit.

- Die Reichweite der Organisation Kirche in die Gesellschaft hinein ist bleibend hoch; eine Rückläufigkeit ist nicht erkennbar. Die Teilnahmequoten an Konfirmation, Religionsunterricht, kirchlichen Kindergärten und kirchlichen Jugendgruppen sind stabil. In Ostdeutschland ist eine gewisse Konsolidierung zu beobachten, was sich an einer deutlich höheren Kirchenbindung unter den verbliebenen Kirchenmitgliedern gegenüber dem Bindungsverhalten im Westen zeigt.

- Drei Viertel derer, die zu einem Kirchenaustritt neigen, erklären, dass sie nicht austreten würden, wenn die Kirche angemessen handelte. Sehr große Mehrheiten in der Kirchenmitgliedschaft und in der Gesamtbevölkerung erwarten und fordern radikale Reformen von den Kirchen. Deshalb dürften Widerstände auch gegen tiefgreifende Reformen wenig Chancen haben, wenn der Mehrheit das Wort gegeben wird. Auch eine vermutete Polarisierung zwischen religiösen und weniger religiösen Kirchenmitgliedern ist unwahrscheinlich, da die Reformerwartungen allseitig und weitgehend unabhängig von der religiösen Einstellung bestehen. Starke Reformerwartungen bedeuten auch: Es gibt in dieser Hinsicht keine Gleichgültigkeit. Das ist ein Pfund, mit dem Kirchen wuchern können und müssen.

- Zwei Drittel der evangelischen Kirchenmitglieder und drei Viertel der katholischen Kirchenmitglieder schließen einen Kirchenaustritt als Option nicht aus. Das ist eine deutliche Zuspitzung im Vergleich zu früheren Befunden. Falls all diese Mitglieder in den nächsten Jahren tatsächlich austreten sollten, steht die Kirche vor einem organisationalen Kipppunkt. Der Rückgang der Kirchenverbundenheit korreliert vor allem bei der katholischen Kirche mit massiven Vertrauensverlusten. Erwartet wird – neben grundlegenden Reformen – eine deutliche Distanzierung von Fehlern der Vergangenheit mit strukturellen Folgen.

- Eine Steigerung ihrer Attraktivität kann die Kirche in der aktuellen Lage nicht über rein religiöse Aktivitäten gewinnen. „Heiliges" wird nicht erwartet, die Nachfrage nach Religion ist gering. Ein religiöser Fokus kann zudem zu einer Distanzierung der Mehrheit der säkularen und distanzierten Kirchenmitglieder führen, weil sie an solche Ausdrucksformen schwer anschließen können. Am meisten gefragt, erwartet und eingefordert werden Aktivitäten der Kirche im Bereich sozialen und solidarischen Handelns. Setzt die Kirche hier einen Schwerpunkt, wird sie die größte Zustimmung und Attraktivität entfalten können. Das klassische Dilemma, dass sich Kirchen als Organisationen kaum über ihren Markenkern des Religiösen thematisieren können, dies aber aus einem theologischen Verständnis ihres Auftrags folgt, zeigt sich in der gegenwärtigen Situation sehr zugespitzt.

- Die hohe Zustimmung zu einer ökumenischen Orientierung deutet darauf hin, dass konfessionell stark profiliertes kirchliches Leben abgelehnt wird. In konsequenter Fortführung dieser Haltung könnte es sinnvoll sein, nicht nur die Kooperation zwischen den Kirchen, sondern auch mit anderen zivilgesellschaftlichen Akteuren weiter zu stärken. Dies dürfte auch die gesellschaftliche Einbettung der Kirchen stabilisieren.

- Im Blick auf den Religionsunterricht zeichnet sich – bei grundsätzlicher Bedeutsamkeit – ein zunehmendes Akzeptanzproblem in Bezug auf kirchliche Mitwirkung und konfessionelle Ausrichtung ab. Die KMU-Befunde zu den Faktoren für eine lebensweltliche Wirksamkeit dieses Unterrichts in Verbindung mit der zunehmenden Entkirchlichung und konfessionellen Durchmischung der Schülerinnen und Schüler könnten dazu führen, die Gestaltung des Religionsunterrichts neu zu denken, wie dies bereits seit einigen Jahren vielfach diskutiert wird.

- Kasualien sind weiterhin eine wichtige Kontaktstelle für Menschen, die ansonsten kaum mit kirchlichem Leben zu tun haben. Deshalb wird der Rückgang von Kasualien nicht folgenlos bleiben. Die langsam, aber stetig nachlassende Taufbereitschaft verstärkt die Krise der kirchlichen Bestandserhaltung. Gleichzeitig gilt es, Möglichkeiten zu prüfen, auch ohne (Kinder-)Taufe am kirchlichen Leben teilzuhaben.

- Dass Kirchen Gottesdienste feiern, sehen paradoxerweise vor allem jene als wichtig an, die nicht teilnehmen. Hier wird die Frage zu bearbeiten sein, wie sich zugeschriebene Bilder zur realen sozialen Praxis verhalten. Gottesdienste werden weiterhin für einen Teil der Kirchenmitglieder attraktiv sein, wenn sie entsprechend den oben benannten Bedürfnissen in vielfältiger Form angeboten werden.

- Die Kirchen tun gut daran, die spezifischen Funktionalitäten ihrer Organisationsebenen zu reflektieren: Ortsgemeinden sind wichtige Kontaktfelder, aber auch regionale Strukturen. Positionierungen von Kirchen werden eher gesamtkirchlich erwartet. Klärungen könnten hier helfen, Doppelstrukturen abzubauen, wo sie noch vorhanden sind.

- Die katholische Kirche steht in den Augen der Befragten in vielen Handlungsfeldern unter erheblich stärkerem Reformdruck als die evangelische Kirche. Dies und die unterschiedlichen Ausgangsstrukturen, auf die dieser Reformdruck trifft, machen es wahrscheinlich, dass beide Kirchen nicht in völlig gleicher Weise auf Herausforderungen reagieren können, sondern unterschiedliche Antworten gefunden werden müssen. Bei der katholischen Kirche scheinen die konkreten Reformthemen klar zu sein, entsprechend spezifisch wurden sie in der 6. KMU auch abgefragt. Bei der evangelischen Kirche scheint es weniger spezifische Reibungspunkte zu geben, was eine Konzentration auf ausgewählte Handlungsfelder zunächst erschwert.

Kirchenmitglieder und das Gebet

Bei den **Katholischen** ging der Anteil der **täglich** Betenden im gleichen Zeitraum um **13,8 %** zurück.

Die Zahl der befragten **Evangelischen**, die angeben, **täglich** zu beten, ging von 2002 auf 2022 um **2,1 %** zurück.

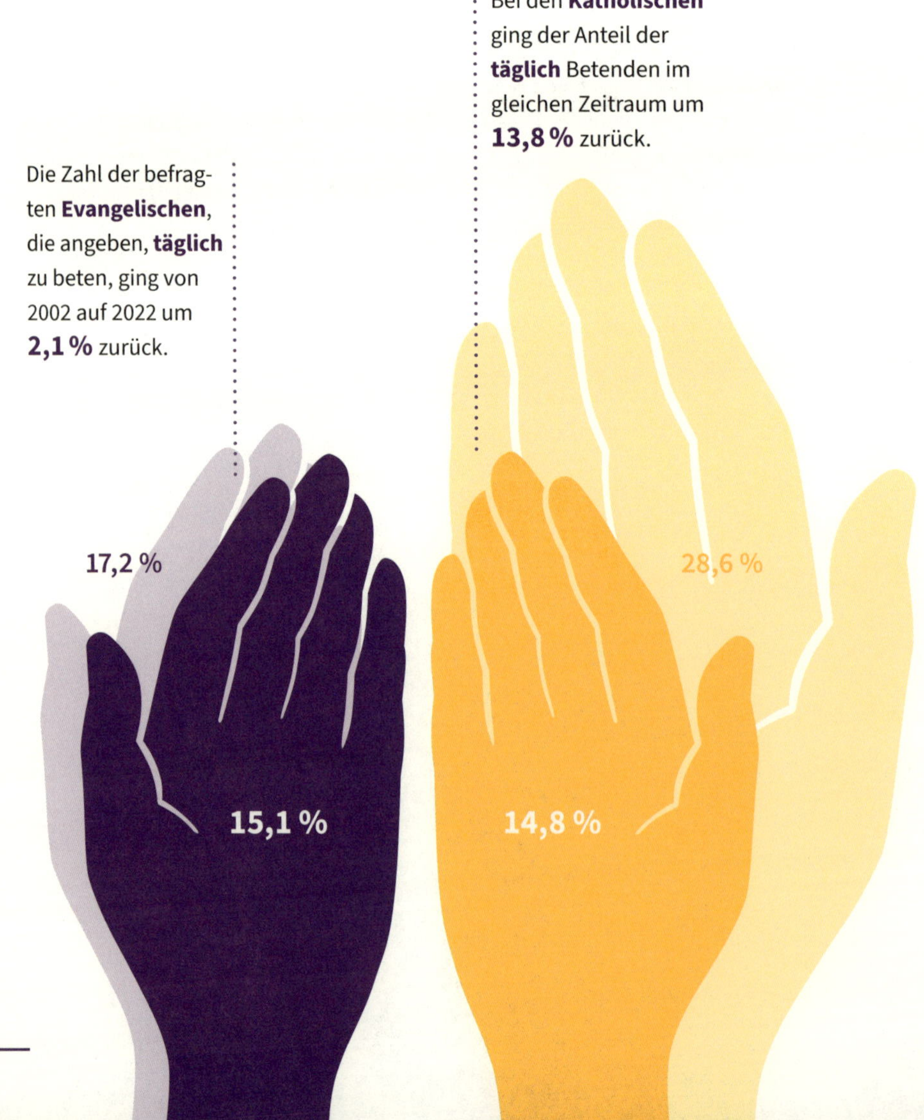

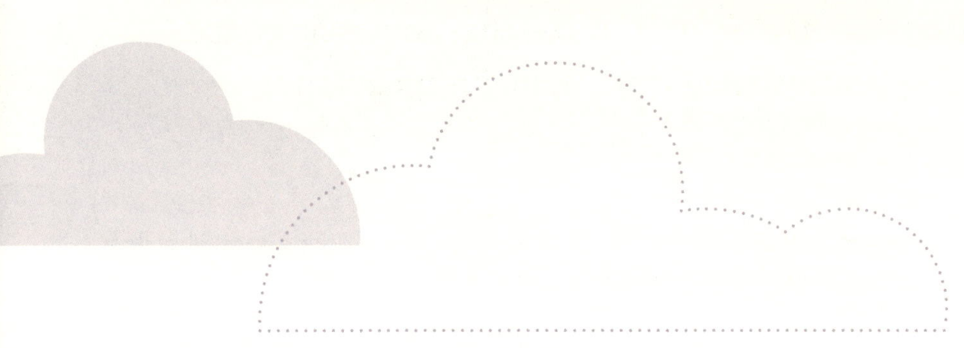

Wie häufig beten Kirchenmitglieder 2002 und 2022 im Vergleich?

Katholische 2022 | Katholische 2002 | Evangelische 2022 | Evangelische 2002

Datenbasis: ALLBUS 2002, KMU 6 2022

4. Evangelische, Katholische, Konfessionslose – Unterschiede und Gemeinsamkeiten

Katholische äußern heute in Deutschland eine größere Distanz gegenüber ihrer Kirche als Evangelische. Ihre Forderungen nach Reformen weichen stärker von der kirchlichen Wirklichkeit ab; vermutlich sind deshalb in den letzten Jahren mehr Katholische als Evangelische aus ihrer Kirche ausgetreten. Ihre Austrittsmotive unterscheiden sich tendenziell von den Austrittsgründen der Evangelischen. Doch gibt es darüber hinaus Unterschiede zwischen Evangelischen und Katholischen, etwa im Hinblick auf Religiosität, allgemeine Wertorientierungen oder sozio-demografische Merkmale?

Schon Lukatis & Lukatis (1989) zeigten anhand von ALLBUS-Daten aus dem Jahr 1982, dass damals bei Wertorientierungen keine wesentlichen Unterschiede zwischen Evangelischen und Katholischen mehr feststellbar waren. Lediglich bei religiositätsbezogenen Fragen waren in den 1980er Jahren in Westdeutschland deutliche konfessionelle Unterschiede zu verzeichnen: Der Kirchgang, der Glaube an Gott und die Bedeutung von Religion für das eigene Leben waren damals bei Katholischen deutlich weiter verbreitet als bei Evangelischen (Pittkowski 1991).

In den darauffolgenden Jahrzehnten wurden – nicht nur in Deutschland – diese religiositätsbezogenen Differenzen zwischen den Kirchenmitgliedern verschiedener Konfessionen immer kleiner (Pew Research Center 2017). Auch das subjektive Selbstbild einer besonderen „konfessionellen Identität" löste sich bei den meisten Kirchenmitgliedern faktisch auf. Dies kann man eine „implizite Entkonfessionalisierung" (Wunder 2005, S. 118) nennen. Damit ist gemeint, dass Konfessionalität als strukturierendes Merkmal einer Gesellschaft verschwindet, indem sich die Profile von Kirchenmitgliedern verschiedener Konfessionen immer mehr angleichen. Das kann sich unabhängig von programmatischen Setzungen von Kirchenleitungen vollziehen. Davon zu unterscheiden ist der Kirchenaustritt als „explizite Entkonfessionalisierung". Ergebnis beider Prozesse ist eine *postkonfessionelle* Gesellschaft. „Konfessionen" kann man vor diesem Hintergrund mit Ebertz (1998, S. 32) definieren über „Glaubenssonderwissen, Sonderwerte, Sondernormen und Sonderriten, kircheninstitutionell verkernte Kommunikations- und Handlungszusammenhänge mit sozialer Schließungs- und Ausschließungstendenz". Verflüchtigen sich all diese „Besonderheiten" in den Mitgliedschaften der Konfessionen, dann bleibt das „institutionell Verkernte" als Hülle von geringer Stabilität und Bindung.

Das Ende konfessioneller Stereotype

In der 6. KMU sind die konfessionellen Unterschiede gering. So gut wie keines der traditionellen konfessionellen Stereotype lässt sich heute noch empirisch bestätigen. Keine relevanten Unterschiede zwischen den Konfessionen finden sich bei sozio-demografischen Merkmalen wie z. B. der Schulbildung sowie bei Wertorientierungen wie z. B. dem Streben nach Selbstverwirklichung, der Offenheit für Neues, der Wertschätzung von Sicherheit im Leben, dem Vertrauen in Mitmenschen und gesellschaftliche Institutionen, hedonistischen Orientierungen u. v. a. m.[64]

Auch bei den religiositätsbezogenen Merkmalen gibt es mit wenigen Ausnahmen keine signifikanten Unterschiede. Evangelische und Katholische sind gleichauf bei der Religiosität,[65] bei der Orientierung an der Bibel, dem Glauben an Gott, Jesus Christus oder höhere Mächte, bei eigenen religiösen Erfahrungen, beim Ausmaß des religiösen Relativismus, bei säkularen und szientistischen Orientierungen, beim Wunsch nach kirchlicher Bestattung u. a. m. Sie unterscheiden sich nicht im Hinblick auf die Häufigkeit ihrer Kontakte zu kirchlichen Einrichtungen oder zu Personen, die in der Kirche tätig sind, nicht hinsichtlich ihrer Auffassungen, was zum Christsein dazugehöre, und nicht hinsichtlich ihrer Motivationen, weshalb sie sich in der Kirche engagieren. Sie erwarten von ihren Kirchen auch nichts grundsätzlich Unterschiedliches, trotz sehr verschiedener historischer Pfadabhängigkeiten. So lehnen z. B. katholische Kirchenmitglieder den Zölibat genauso stark ab wie Evangelische. Sie befürworten genauso stark die Segnung homosexueller Partnerschaften. Katholische sind heute nicht „konservativer" oder dem Wunsch nach innerkirchlicher demokratischer Mitbestimmung weniger zugetan als Evangelische (vgl. Roßteuscher 2011).

Lediglich beim Kirchgang (vgl. Abbildung 3.14) haben die Katholischen derzeit eine geringfügig ausgeprägtere soziale Praxis als die Evangelischen. Ähnlich sieht es beim Gebet aus, was in der Infografik auf Seite 68/69 mit Vergleichsdaten aus dem ALLBUS 2002 dargestellt wurde. Erkennbar ist, dass bei den Evangelischen der Anteil der täglich Betenden im Zeitraum 2002 bis 2022 nur leicht von 17 % auf 15 % abgenommen hat, der Anteil der täglich Betenden unter den Katholischen aber deutlich stärker von 29 % auf 15 %.[66] Beim täglichen Gebet sind Katholische und Evangelische heute gleichauf. Wird selteneres Beten in die Betrachtung mit einbezogen, bleibt auch heute noch eine leicht erhöhte soziale Praxis der Katholischen bestehen, der Grundbefund ist aber der gleiche: Alle Formen kirchennaher Religiosität gehen bei Katholischen schneller zurück als bei Evangelischen und sind

[64] Zugrunde liegen bei diesen Beispielen die Itembatterien 35–37 und 115.
[65] Das gilt sowohl für kirchennahe als auch für kirchenferne Religiosität, wie sie in Kapitel 2 dargestellt wurden.
[66] Zugrunde liegt Item 55.

dadurch entweder derzeit auf dem gleichen Niveau angekommen oder werden es bei Fortgang der beobachteten Trends in Kürze sein.[67]

Ausnahmen von dieser Regel sind einige wenige religiöse Praktiken, die historisch eine spezifisch konfessionelle Prägung haben: Katholische nehmen häufiger als Evangelische an Wallfahrten teil, fasten aus religiösen Gründen oder zünden aus religiösen Gründen eine Kerze an.[68] Evangelische hingegen legen bei Gottesdiensten einen größeren Wert auf die Predigt als Katholische. All das sind Punkte, die den Trend insgesamt nicht tangieren. Ein weiterer in den Daten erkennbarer Unterschied – und zwar bis in die jüngsten Generationen hinein – ist die Tatsache, dass Katholische rückblickend für ihre Kinder- und Jugendzeit über intensivere Kontakte zu Religion und Kirche berichten als Evangelische. Die Wirksamkeit dieser Sozialisationsbemühungen allerdings hat offenbar nachgelassen, anders ist der bei Katholischen besonders starke Rückgang von Religiosität und Kirchenbindung kaum zu verstehen. Die früher stärkere religiöse Sozialisation im Katholizismus kann jedenfalls den heute zu beobachtenden Einbrüchen wenig entgegensetzen.

Das Profil der Konfessionslosen

Während zwischen Evangelischen und Katholischen heute kaum noch Unterschiede feststellbar sind, ist dies beim Vergleich zwischen Kirchenmitgliedern und Konfessionslosen anders. Sowohl sozio-demografische, wertorientierte als auch weltanschauliche Unterschiede sind zwischen beiden Bevölkerungsgruppen deutlich ausgeprägt. Da diese beiden Gruppen gegenwärtig etwa gleich groß sind, ist es wichtig, das besondere Profil der Konfessionslosen herauszuarbeiten, wie dies für die USA bereits Burge (2021) umfassend getan hat und es auch im wissenschaftlichen Auswertungsband der 6. KMU für Deutschland geschehen wird. Konfessionslose zeichnen sich in der überwiegenden Mehrheit (in der Größenordnung von 90 %, je nach spezifischer Fragestellung) durch niedrige Religiositätswerte aus: kaum Glaube an Gott, kaum Glaube an ein Leben nach dem Tod, kaum Glaube an „höhere Mächte", wenig Pantheismus, wenig subjektive Religiosität, hoher szientistischer Säkularismus, kaum Kirchgang oder Beten, kaum religiöse Erfahrungen, wenig Vertrauen in

[67] Auch eine Umkehr der Relationen ist zukünftig nicht mehr auszuschließen, wie sie sich in den Niederlanden – dort liegt der Bevölkerungsanteil der Konfessionslosen inzwischen bei über 70 % – schon vor mehreren Jahrzehnten vollzogen hat (vgl. Pollack & Rosta 2022, S. 210–237). In den Niederlanden sind Katholische heute weniger religiös als Evangelische.

[68] Zumindest gelegentlich fasten 17 % der Katholischen aus religiösen Gründen, demgegenüber fasten 4 % der Evangelischen. An einer Wallfahrt oder Pilgerreise nehmen 15 % der Katholischen zumindest gelegentlich teil, bei den Evangelischen sind es 2 %. Das Anzünden einer Kerze aus religiösen Gründen praktizieren 61 % der Katholischen zumindest gelegentlich, bei den Evangelischen sind es 40 %. Zugrunde liegt Itembatterie 57.

die Kirchen, geringe Taufbereitschaft, kaum Wünsche nach kirchlicher Bestattung. Diese Mehrheit der Konfessionslosen ist tendenziell jünger als der Bevölkerungsdurchschnitt, sie reist viel, Traditionen kümmern sie wenig, für sie ist Selbstverwirklichung und Unabhängigkeit besonders wichtig.

Allerdings gibt es unter den Konfessionslosen auch eine kleine, etwa 10 % von ihnen umfassende Untergruppe (das entspricht ca. 4 % der Gesamtbevölkerung), die als religiös bezeichnet werden kann (Glaube an Gott, es gibt eine regelmäßige Praxis des Betens und religiöse Erfahrungen, auch subjektiv bezeichnen sich diese Personen meist als religiös). Dabei handelt es sich überwiegend um ehemalige katholische Kirchenmitglieder, mehr Frauen als Männer, denen die Bewahrung von Traditionen wichtig ist und die überwiegend den älteren Generationen angehören (gehäuft ab den heute 60-Jährigen – meist sind sie auch erst im fortgeschrittenen Alter aus der Kirche ausgetreten). Das Austrittsmotiv, das bei ihnen dominiert, ist nicht Gleichgültigkeit oder Unglaube, sondern ein Leiden an der Organisation Kirche trotz persönlicher Religiosität. Überproportional oft sind diese Personen aus Empörung über kirchliche Stellungnahmen oder „wegen der kirchlichen Skandale, z. B. zu sexuellem Missbrauch und seiner Vertuschung" ausgetreten (vgl. Frick et al. 2021). Mehr als anderen Ausgetretenen ist ihnen die Entscheidung zum Kirchenaustritt schwergefallen. Es war für sie häufig eine recht emotionale Entscheidung, bei der sie Pro- und Kontra-Argumente mehr als andere Ausgetretene gründlich abgewogen haben. Mit ihrem Austritt wollten sie „eine Botschaft an die Kirche senden". Knapp die Hälfte von ihnen gibt an, dass das Motiv, Kirchensteuer einzusparen, bei ihnen ebenfalls eine Rolle gespielt hat. Für diese Minderheit religiöser Konfessionsloser gilt auch, dass für sie das Kapitel Kirchenmitgliedschaft endgültig abgeschlossen zu sein scheint: 17 % von ihnen „tut es irgendwie leid, ausgetreten zu sein". Von allen Konfessionslosen zusammen äußern nur 6 % ein solches Bedauern. Dies dürfte in etwa dem Personenkreis entsprechen, der potenziell erfolgreich auf einen Wiedereintritt hin ansprechbar sein könnte.

Perspektiven für das Handeln der Kirchen

Als Konsequenzen für das zukünftige Handeln der Kirchen sind folgende Schlussfolgerungen denkbar:

- Angesichts einer postkonfessionell gestimmten Mitgliedschaft ergibt sich die Herausforderung, welche konfessionellen Aspekte in den jeweiligen kirchlichen Organisationen unter gegenwärtigen Bedingungen als wichtig angesehen werden sollen. An diese historische Pfadabhängigkeit anzuknüpfen, entspricht zwar überwiegend nicht der Erwartung an Kirchen, es könnte aber notwendig sein, um Identität zu bilden oder zu erhalten, ohne die keine Organisation leben kann.

- Diese Identitätsbildungsarbeit erfolgt als gemeinsame und ergebnisoffene Anstrengung vieler, die sich mit einer Kirche identifizieren. An vielen Orten in den Kirchen gibt es bereits heute Foren, die konkrete, partizipative Angebote zur organisationalen Mitgestaltung bieten. Die 6. KMU regt an, sich diesem Prozess auf vielen Ebenen der Kirchen zu stellen und die Erwartungen von Menschen, etwa im Bereich Ökumene, dabei mit zu bedenken.

- Da keine wesentlichen Unterschiede in Bezug auf Wertorientierungen und Religiosität zwischen evangelischen und katholischen Kirchenmitgliedern bestehen, sind die an beide Kirchen gerichteten Erwartungen aus ihrer Mitgliedschaft heraus faktisch gleich. Lediglich die historisch bedingte Ausgangslage stellt sich anders dar. Unterschiede im kirchlichen Handeln als Reaktion auf diese Erwartungen lassen sich demnach nicht von der „Nachfrageseite“ her begründen, sondern lediglich vor dem Hintergrund historischer Pfadabhängigkeiten.

- Sich ein realistisches Bild von der gesellschaftlichen Mehrheit der Konfessionslosen zu machen, ist notwendig. Diese Mehrheit ist nach allem, was die 6. KMU dazu sagen kann, nicht latent religiös. Wer konfessionslos aufgewachsen ist oder in jungen Jahren keine Kirchenbindung entwickelt hat und dann ausgetreten ist, findet statistisch gesehen kaum zur Kirche oder zur Religion (zurück).

- Eine Ausnahme davon stellt die kleine und recht distinkte Gruppe der religiösen Konfessionslosen dar, die gegenwärtig etwa 4 % der Gesamtbevölkerung ausmacht. Ganz abgesehen davon, dass ein Teil dieser Gruppe für einen Wiedereintritt zu gewinnen sein könnte, könnte ihre Perspektive ertragreich für Überlegungen zur zukünftigen Kirchenentwicklung sein. Dabei gilt es im Blick zu behalten, dass diese spezielle Zielgruppe noch stärker überaltert ist (Durchschnittsalter 55 Jahre) als die Kirchenmitgliedschaft selbst (51 Jahre), so dass aus rein demografischen Gründen diese Gruppe in den nächsten Jahren tendenziell schrumpfen dürfte. Ob dieser demografische Effekt durch weitere aus der Kirche austretende Hochreligiöse kompensiert wird, bleibt abzuwarten.

Formen der Religiosität

- Kirchenferne Religiosität
- Pantheismus/ Theistischer Humanismus
- Religiöse Wirksamkeits-erfahrungen
- Orientierung an der Bibel
- Kirchennahe Religiosität

Datenbasis: KMU 6

Religiosität in den Generationen

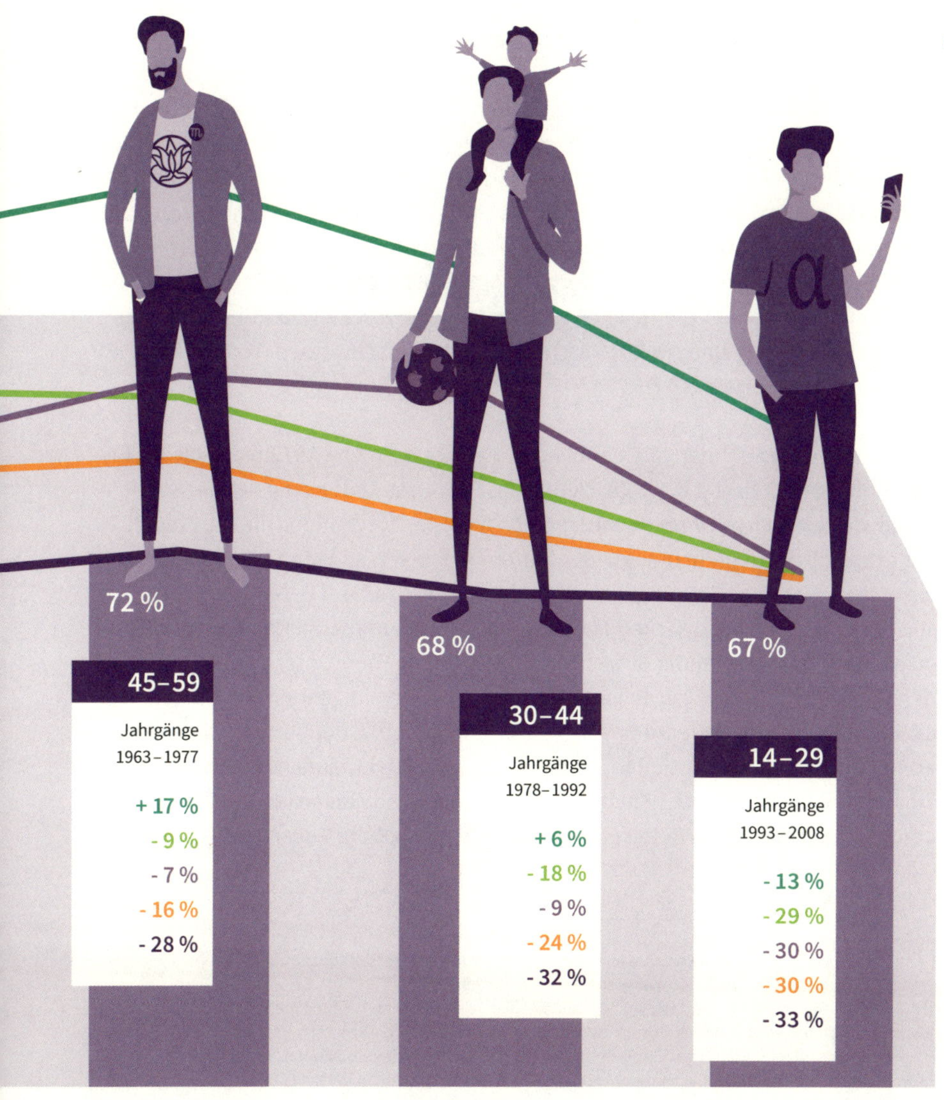

5. Welche Bedeutung hat die Sozialstruktur für Religiosität und Kirchenbindung?

In diesem Kapitel werden die bereits beschriebenen Entwicklungen nach Geschlecht, Alter, ökonomischer Lage, Bildung und sozialer Milieuzugehörigkeit differenziert, um die zugrunde liegenden Prozesse besser zu verstehen.

Geschlechterunterschiede bei der Religion verschwinden

Lange Zeit wurde angenommen, dass Frauen überall und zu allen Zeiten tendenziell religiöser seien als Männer. Zahlreiche Erklärungsversuche wurden dafür ins Feld geführt (Klein et al. 2017). Die Empirie zeigt jedoch, dass das relative Verhältnis der Religiosität von Frauen und Männern in verschiedenen Gesellschaften recht unterschiedlich ist, dass es sich verändert und u. a. vom sozialen Kontext erreichter Gleichberechtigung der Geschlechter abhängt (Sullins 2006; Di 2020). In modernen Gesellschaften werden die Religiositätsdifferenzen zwischen den Geschlechtern[69] tendenziell geringer und sind inzwischen dabei zu verschwinden (Voas et al. 2013; Trzebiatowska & Bruce 2012).

Diesen Prozess kann man auch anhand der KMU-Daten von 1972 bis heute verfolgen. Abbildung 5.1 zeigt die Entwicklung des Prozentanteils evangelischer Kirchenmitglieder, die sich mit ihrer Kirche zumindest „etwas" verbunden fühlen. Etwa 70 % der evangelischen Kirchenmitglieder hatten in den vergangenen fünf Jahrzehnten ein recht konstantes Verbundenheitsgefühl zu ihrer Kirche.[70] Dabei wurde der feststellbare Unterschied zwischen Männern und Frauen immer geringer und hat sich inzwischen fast vollständig aufgelöst. Keine signifikanten Unterschiede zwischen den Geschlechtern sind gegenwärtig u. a. auch bei den folgenden Merkmalen feststellbar: Kirchgang, Bedeutung von Religion im Leben, Orientierung an der Bibel, Konfessionslosigkeit, Vertrauen in die Kirchen, Kontakthäufigkeit zu kirchlichen Einrichtungen und zu in der Kirche tätigen Personen. An Zahlen verdeutlicht sei das am Beispiel der eigenen Beteiligung am kirchlichen Leben: Gegenwärtig beteiligen

---

69 Die Architektur der Befragung brachte es mit sich, dass Geschlechter jenseits der binären Codierung von Frauen/Männern in dieser Studie nicht abgebildet werden können.

70 Diese Konstanz kann mit der Tatsache, dass erhebliche Teile der kaum Verbundenen die Kirche inzwischen durch Kirchenaustritt verlassen haben, nur dann vereinbart werden, wenn man annimmt, dass die individuelle Verbundenheit der noch verbliebenen Kirchenmitglieder abgenommen hat. Andernfalls könnte das Verbundenheitsniveau der Gesamtpopulation der Kirchenmitglieder nicht auf konstantem Niveau bleiben.

Abbildung 5.1

Anteil der evangelischen Kirchenmitglieder von 1972 bis heute, die sich zumindest „etwas" mit ihrer Kirche verbunden fühlen, differenziert nach Geschlecht

Angaben in Prozent; Datenbasis: 1.–6. KMU

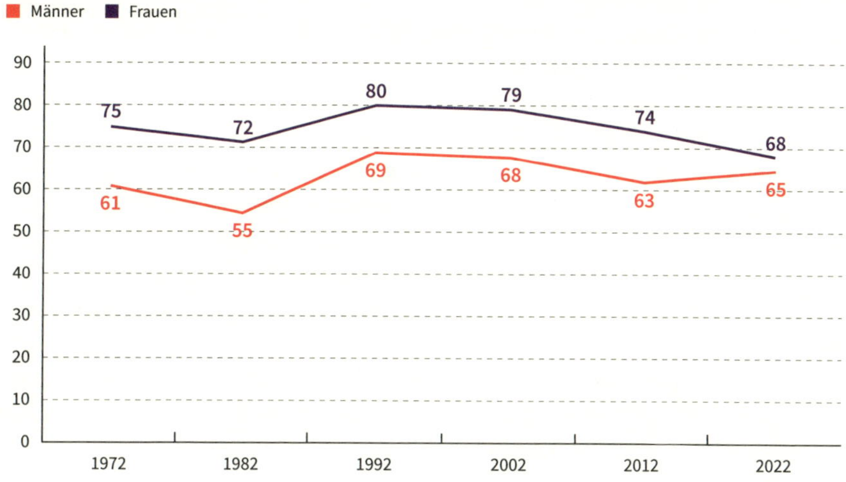

sich 16 % der männlichen Bevölkerung in einer über Gottesdienstbesuche hinausgehenden Weise am kirchlichen Leben, bei den Frauen sind es 17 %.

Es gibt im Themenbereich von Religion und Kirche gegenwärtig sehr wenige Merkmale, bei denen nach wie vor deutliche Geschlechterunterschiede zu konstatieren sind: Frauen sind im religiös-säkularen Orientierungstyp der „Alternativen" deutlich überrepräsentiert, Männer hingegen bei den Säkular-Geschlossenen (vgl. Kapitel 2). Frauen befürworten deutlich stärker als Männer die Segnung homosexueller Paare und lehnen mit größerem Nachdruck als Männer die Position ab, dass die Kirche sich auf religiöse Fragen beschränken solle (vgl. Kapitel 3). Engagieren sich Frauen aktiv in der Kirche, dann überwiegen bei ihnen stärker als bei Männern die nicht-religiösen sozialen Motive für dieses Engagement. Sie wollen bei diesem kirchlichen Engagement stärker als Männer auch selbst mitgestalten (und nicht nur „einfach mitmachen").[71] Mit diesen wenigen Punkten sind bereits die verbliebenen relevanten Unterschiede zwischen den Geschlechtern im Feld der Haltungen zu Religion und Kirche beschrieben.

[71] Nummern der Items im Fragebogen: 107c, 107e, 144e, 144g.

Nachlassende Religiosität von Generation zu Generation

Das Pew Research Center in den USA untersuchte im Jahr 2018 insgesamt 106 Länder der Erde, inwiefern in diesen Ländern die Religiosität der jüngsten Generation höher oder niedriger als die Religiosität der ältesten Generation ist (Pew Research Center 2018). Es stellte sich heraus, dass nur in zwei Ländern (Ghana und Tschad) die Religiosität in der Generationenfolge zugenommen hatte. In 41 Ländern (darunter die meisten Länder Europas und Nord- sowie Südamerikas, zudem Russland, Japan, Südkorea und Australien) hatte die Religiosität von Generation zu Generation abgenommen. In 63 Ländern (die meisten davon in Afrika und Asien) zeigten sich kaum Unterschiede zwischen den Generationen. Aus anderen Studien ist bekannt, dass Religiosität nicht einfach mit steigendem Lebensalter ab- oder zunimmt, sondern dass sie entscheidend von der religiösen Sozialisation der jeweiligen Generation in der Kinder- und Jugendzeit abhängt (Crockett & Voas 2006). Das gilt auch für Deutschland (Wolf 2008). Dieser Effekt der Generationenzugehörigkeit ist bei der Religiosität in der Regel bedeutsamer als der Effekt des Alterns. Wenn sich Säkularisierung dadurch vollzieht, dass jede Generation (Kohorte) etwas weniger religiös ist als die vorausgehende Generation, spricht man von „Kohorten-Säkularisierung". So kann es allein durch demografische Effekte (die aussterbenden ältesten Kohorten werden durch junge neu hinzukommende Kohorten ersetzt) zu starken Säkularisierungstrends kommen, ohne dass irgendeine Person ihre Haltung zur Religion verändert (Voas 2009). Kürzlich haben Stolz & Senn (2022) eine deutliche Kohorten-Säkularisierung für die Schweiz nachgewiesen. Auch für Deutschland ist sie belegt (Meulemann 2019).

In der 6. KMU lässt sich ein Vergleich zwischen den Generationen für eine ungewöhnlich große Zahl verschiedener Formen der Religiosität vornehmen. Es zeigt sich, dass die Kohorten-Säkularisierung nicht für alle Formen von Religiosität so einheitlich verläuft, wie das oft angenommen wird. Es sind verschiedene Muster identifizierbar. Die wichtigsten davon sind in der Infografik auf Seite 76/77 dargestellt. Methodisch wurde dabei so vorgegangen, dass aufgrund von Faktorenanalysen zunächst eine größere Zahl von Einzelfragen zu verschiedenen Religiositäts-Indices zusammengefasst wurden,[72] die jeweils zwischen 0 (keine Religiosität) und 1 (hohe Religiosität) schwanken. Die Religiositätswerte auf diesen Skalen für die älteste Generation (heute 70 Jahre und älter) wurden in der Infografik auf Seite 76/77 alle

[72] Dieser erste Analyseschritt ist wichtig, weil isoliert gesehen eine einzelne Frageformulierung immer spezifische Stichworte enthalten oder Assoziationen wecken kann, die manche Altersgruppen mehr ansprechen als andere. Auf Einzelfragen solche Analysen aufzubauen, ist deshalb wenig tragfähig. Durch Faktorenanalysen wird zunächst identifiziert, welche Fragestellungen empirisch gemeinsame Antwortmuster zeigen, so dass diese zu einem Index zusammengefasst werden können, weil sie offensichtlich etwas Gemeinsames messen. Auf diese Weise verlieren spezifische Formulierungen von Einzelfragen an Gewicht, weil die Indices einen abstrakteren Charakter bei der Messung empirisch ermittelter Religiositätsformen haben. Erst diese Indices werden dann mit den Altersgruppen in Beziehung gesetzt.

auf 100 % gesetzt, so dass jeweils zu erkennen ist, ob in den nachfolgenden Generationen die jeweilige Religiositätsform zu- oder abgenommen hat.[73]

Der Befund ist: Kirchennahe Religiosität[74] hat mit der sogenannten 1968er-Generation (die heute 60–69-Jährigen) einen sehr starken Einbruch erfahren und verbleibt seither in den nachfolgenden Generationen auf stabil niedrigem Niveau, sinkt aber auch nicht weiter ab. Einen ähnlichen Verlauf nimmt die – in der Grafik nicht dargestellte – Bedeutung von Religion für das eigene Leben oder die Intensität von Kontakten zu Religion und Kirche in der Kindheit. Hier zeigt sich die bis heute nachwirkende hohe Bedeutung des durch die 68er-Bewegung ausgelösten kulturellen Umbruchs.

Ganz anders verhält es sich bei der kirchenfernen Religiosität: Sie nahm in der Generationenfolge zunächst zu und erreicht ihren Zenit bei den 45–59-Jährigen, also jener Generation, die während des Höhepunkts der Esoterikwelle in den 1980er und 1990er Jahren sozialisiert wurde. In den nachfolgenden jüngeren Generationen fällt die kirchenferne Religiosität dann wieder stark ab und erreicht bei den Jüngsten (14–29-Jährigen) einen Tiefstwert deutlich unter dem Niveau der ältesten Generation. Der Verlauf dieser Kurve kann als Aufstieg und Fall der damaligen spirituellen Bewegung interpretiert werden: Sie hat die in den 1980er und 1990er Jahren sozialisierten Generationen bis heute nachweisbar wesentlich geprägt.

Weiterhin sind in der Grafik pantheistische oder theistisch-humanistische Orientierungen eingetragen.[75] Sie nehmen linear von Generation zu Generation ab. Einen ähnlichen Verlauf hat eine Orientierung an der Bibel.[76] Religiöse Wirksamkeitserfahrungen[77] brechen besonders stark bei der jüngsten Generation ein.

Auch wenn der Verlauf von Generation zu Generation bei verschiedenen Formen der Religiosität verschieden sein mag, im Ergebnis dominiert der Rückgang. Das Nachlassen von Religiosität von Generation zu Generation ist auf lange Sicht der zu beob-

[73] Die Grafik kann demnach nicht so interpretiert werden, dass z. B. die kirchenferne Religiosität verbreiteter sei als die kirchennahe, denn das Gegenteil ist tatsächlich der Fall. Dieser falsche Eindruck könnte durch die Standardisierung aller Religiositätsformen auf 100 % für die älteste Generation entstehen. Es geht in dieser Grafik nicht um einen Vergleich der Verbreitung von verschiedenen Religiositätsformen untereinander, sondern um einen Vergleich der Generationen, ob eine bestimmte Religiositätsform in den jüngeren Generationen im Vergleich zur ältesten Generation zu- oder abgenommen hat.

[74] Die „kirchennahe Religiosität" ist mit Abbildung 2.1 eingeführt worden. In diesen Index ist der Glaube an Gott, an Jesus Christus, Kirchgang, die Praxis des Betens und subjektive Religiosität eingegangen. Die im weiteren Textverlauf behandelten anderen Fragen betreffen die Itembatterien 45 und 122.

[75] Sie werden indiziert durch Zustimmung zu den Aussagen „Das Universum als Ganzes ist eine schöpferische Kraft, das ist für mich Gott" und „Meiner Meinung nach ist Gott nichts anderes als das Wertvolle im Menschen" (Items 52c und 52e).

[76] In diesen Index sind sieben Fragen zur Bewertung der Bibel sowie die Häufigkeit des Bibellesens eingeflossen (Itembatterien 53 und 54).

[77] Darunter fallen: das Spüren von Gottes Nähe, von spirituellen Kräften oder „dunklen Mächten" sowie das Gefühl bei manchen Naturerlebnissen, eine heilige Macht zu spüren (Itembatterie 59).

achtende Trend, auch wenn nicht alle Religiositätsformen völlig parallel verlaufen und Säkularisierung nicht ausschließlich als Kohorten-Säkularisierung zu verstehen ist. Deshalb steht z. B. die Tatsache, dass zu einem bestimmten Erhebungszeitpunkt – bei der 6. KMU Ende 2022 – die kirchennahe Religiosität sich bei den nach 1968 sozialisierten Kohorten nicht signifikant unterscheidet, nicht im Widerspruch zu dem in Kapitel 2 festgestellten Befund, dass kirchennahe Religiosität gesamtgesellschaftlich zurückgeht – dies als Ergebnis eines Vergleichs von Erhebungen aus vielen Jahrzehnten. Säkularisierung kann durch Kohorten-Säkularisierung erfolgen oder auch dadurch, dass alle Kohorten wie in einem Fahrstuhl gemeinsam nach unten fahren („Fahrstuhleffekt"), oder durch eine Mischung aus beidem.

Ein diesbezüglich aufschlussreicher Sonderfall ist die Einzelfrage nach einem Glauben an ein Leben nach dem Tod.[78] Aus vielen früheren Studien ist bekannt, dass Jüngere hier eher zur Zustimmung neigen als Ältere (Pollack & Rosta 2022, S. 133), was sich auch in den Daten der 6. KMU bestätigt. Gleichzeitig geht die Verbreitung des Glaubens an ein Leben nach dem Tod in Deutschland gesamtgesellschaftlich zurück, von 48 % im Jahr 1998 (ISSP) auf 40 % in der 6. KMU. Das bedeutet: Die Säkularisierung erfolgt beim Sonderfall „Glauben an ein Leben nach dem Tod" nicht in Form einer Kohorten-Säkularisierung, sondern als „Alters-Säkularisierung": Mit steigendem Lebensalter lässt der Glaube an ein Leben nach dem Tod tendenziell nach – es kann unterstellt werden, dass dies mit zunehmend ernsthafter Konfrontation und Auseinandersetzung mit dem Thema Tod korreliert. Parallel dazu ging innerhalb der Generationen in den letzten Jahrzehnten der Glaube an ein Leben nach dem Tod zurück (Vergleich ISSP 1998 vs. 6. KMU), so dass sich insgesamt ein Rückgang um 8 Prozentpunkte ergab.

Ökonomische Lage und Bildung

Norris & Inglehart (2004) haben in ihrem Buch „Sacred and Secular" die These vertreten, dass ökonomischer Wohlstand mit schwindender Religiosität einhergehe. Das bestätigt sich zwar empirisch im Ländervergleich, fraglich ist aber, ob sich das auch auf die Individualebene übertragen lässt. Für Deutschland bestätigt sich dies mit dem KMU-Datensatz jedenfalls nicht, eher im Gegenteil: Es sind tendenziell diejenigen, die ihre eigene wirtschaftliche Lage als gut einstufen, die kirchennaher Religiosität stärker zuneigen als andere. Insofern ist kirchliche Religiosität in Deutschland gegenwärtig nicht „der Seufzer der bedrängten Kreatur", wie Karl Marx 1844 in seiner Einleitung zur „Kritik der Hegelschen Rechtsphilosophie" meinte. Für kirchenferne Religiosität trifft es allerdings zu: Hier zeigt sich in den KMU-Daten tatsächlich ein Zusammenhang mit einer wirtschaftlich schlechten Lage.

---

[78] Item 52g.

Doch nicht nur die ökonomische Lage, traditionell mit dem Begriff „soziale Klasse“ bezeichnet, ist relevant, sondern auch die „soziale Schicht“, die insbesondere den Faktor Bildung mit einbezieht. Die ersten KMUs haben sich intensiv mit dem Zusammenhang zwischen Schulbildung und Kirchlichkeit auseinandergesetzt (Hild 1974, S. 242; Lange 1975; Scholz 1991). Der Befund war 1972, dass Kirchenbindung und Religiosität umso geringer sind, je höher der Bildungsgrad ist: „Die Kirche hat ihre stärkste Basis offenbar bei den Unterschichten der ‚Lerngesellschaft‘, die durchaus Züge einer Bildungsklassengesellschaft anzunehmen beginnt. Was bedeutet es, dass die im Bildungsprozess Zurückbleibenden und Zurückgelassenen in größerer Zahl an der Kirche hängen, ihr Kredit geben?“, formulierten die damaligen Autoren der ersten KMU (Hild 1974, S. 250).

Die Frage stellt sich heute anders, denn inzwischen ist dieser Bildungseffekt verschwunden oder hat sich sogar in sein Gegenteil verkehrt. Der Kirchgang, das Vertrauen in die Kirchen, die Bedeutung von Religion im Leben, eigene religiöse Wirksamkeitserfahrungen, aber auch säkulare Orientierungen hängen 2022 nicht mehr mit der Schulbildung zusammen. Differenziert man nach Alterskohorten, dann ist auch rekonstruierbar, wann sich dieser früher beobachtete Bildungseffekt aufgelöst hat: Bei den Befragten, die heute mindestens 45 Jahre alt sind, ist noch feststellbar, dass die Wahrscheinlichkeit für Konfessionslosigkeit mit der Schulbildung zunimmt. Bei allen Jüngeren tritt ein Zusammenhang zwischen Schulbildung und Konfessionslosigkeit nicht mehr auf. Stellt man in Rechnung, wann bei den heute 45 Jahre alten Personen die prägende Sozialisationsphase der Kinder- und Jugendzeit war, dann kann der Schluss gezogen werden, dass sich etwa um 1990 herum der früher negative Zusammenhang zwischen Bildung und Religiosität/Kirchlichkeit aufgelöst hat. Das bestätigt dann auch ein Blick in frühere KMU-Datensätze.

Unter den Personen, die sich am kirchlichen Leben tatsächlich beteiligen, sind die Gebildeten heute deutlich überrepräsentiert. So beteiligen sich unter den Befragten mit Hochschulabschluss 27 % in einer über Gottesdienstbesuche hinausgehenden Weise am kirchlichen Leben, während es unter Befragten mit Abitur (ohne Hochschulabschluss) 18 % sind, 16 % bei Personen mit Realschulabschluss und 12 % bei Befragten mit Hauptschulabschluss. Es besteht also – ganz anders als 1972 – heute eher die Gefahr, dass die „im Bildungsprozess Zurückbleibenden und Zurückgelassenen“ auch im kirchlichen Leben kaum mehr vorkommen und dieses vornehmlich durch höher Gebildete geprägt wird.

Bei der kirchenfernen Religiosität zeigen die Daten der 6. KMU ein anderes Ergebnis. Hier gilt: Je höher die Schulbildung ist, desto geringer fällt die kirchenferne Religiosität aus. Das war vor einigen Jahrzehnten noch umgekehrt, als in der Ausbreitungsphase kirchenferner Religiosität im Zuge des „Esoterik-Booms“ diese Innovationen zunächst von Gebildeten aufgegriffen wurden (Wunder 2001). Jetzt in der

Rückzugsphase dieser kulturellen Phänomene werden sie zuletzt von den weniger Gebildeten vertreten. Das entspricht den klassischen theoretischen Modellen zur Ausbreitung von Innovationen, wie sie Hägerstrand (1967) entwickelt hat.

Soziale Milieus

Werden Informationen zur ökonomischen Lage und zum sozialen Status (z. B. Bildung) auch noch mit Informationen zu Wertorientierungen und Lebensstilen kombiniert, spricht man von „sozialen Milieus". Auch in der kirchensoziologischen Forschung haben solche Milieuansätze in den letzten Jahren große Aufmerksamkeit gefunden (Hempelmann & Flaig 2019) und gelten als etabliert. In der 6. KMU wurde die Milieuzugehörigkeit mit dem von Stelzer & Heyse (2017) entwickelten Verfahren ermittelt. Es zeigt sich, dass kirchliche Religiosität gegenwärtig in den traditionsorientierten Milieus mit gehobenem Lebensstandard die größte Verbreitung hat, in modernen Milieus mit niedrigem Lebensstandard die geringste.[79] Somit kann von einer gewissen „Milieuverengung" von Kirchenbindung und kirchlicher Religiosität gesprochen werden, die allerdings alles andere als zufällig ist. In ihr spiegelt sich einerseits das Phänomen, dass sozial Benachteiligte und Marginalisierte auch in der Kirche tendenziell keine Heimat mehr sehen, andererseits die oft „Modernisierung" genannte Auflösung von Traditionen im Rahmen des kulturellen Wertewandels bei den jüngeren Generationen. Deshalb stecken hinter der kirchlichen Milieuverengung vor allem zwei Fragestellungen: Wie können die Kirchen vermeiden, dass die sozial ohnehin schon Ausgegrenzten sie nicht mehr als Ansprechpartnerinnen wahrnehmen? Wie können die Kirchen mit dem Wertewandel Schritt halten?[80]

Perspektiven für das Handeln der Kirchen

Als Konsequenzen für das zukünftige Handeln der Kirchen sind folgende Schlussfolgerungen denkbar:

- Der Befund, dass Geschlechter-Identität für Religiosität und Kirchenbindung empirisch keine Rolle mehr spielt, stabilisiert kirchliche Organisationen in ihrer gesell-

[79] In der Terminologie von Stelzer & Heyse (2017) fallen in die zuerst genannte Kategorie der relativ Kirchennahen die Milieus der „Gehoben-Konservativen", der „Solide-Konventionellen" und der „Statusbewusst-Arrivierten". In die zweite Kategorie der relativ Kirchenfernen fallen die Milieus der „Jugendkulturell-Unterhaltungsorientierten", der „Expeditiv-Pragmatischen" und der „Konsum-Materialisten". Im Fragebogen wird die Milieuzugehörigkeit über die Items 42a bis 42n rekonstruiert.

[80] Im wissenschaftlichen Auswertungsband zur 6. KMU wird auf das Verhältnis von Wertorientierungen und Kirchlichkeit umfassend eingegangen, ebenso z. B. auf die Bedeutung von Lebenszufriedenheit, der allgemeinen Vertrauensbereitschaft, der räumlichen Mobilität und des Reiseverhaltens, der Wahrnehmung, das eigene Leben selbst steuern zu können, oder auf die Relevanz der von Hartmut Rosa bzw. Andreas Reckwitz skizzierten Prozesse der „Beschleunigung" des Lebens, der „Singularisierung" und der Erfahrung von „Resonanz".

schaftlichen Akzeptanz, weil dies einer gesellschaftlich erwünschten Norm entspricht.

- Die Empirie zeigt, dass Frauen bei ihrem kirchlichen Engagement mehr als Männer sozial motiviert sind und weniger religiös und dass sie stärker als Männer einfordern, die Kirche solle sich nicht auf religiöse Fragen beschränken. Das bedeutet: Mehr Verantwortung für Frauen im kirchlichen Raum dürfte im Ergebnis mit der bereits in Kapitel 3 dargestellten Erwartung der Kirchenmitglieder nach einer stärker sozialreligiösen Orientierung des Christentums kongruent sein.

- Wenn Säkularisierung vor allem als Kohorten-Säkularisierung stattfindet, dann ist ein Fokus auf die jeweils jüngste Generation wichtig, weil in deren Sozialisationsphase die Haltung zu den Themen Religion und Kirche nachhaltig geprägt wird.

- In der Generationenfolge ist die kirchennahe Religiosität seit der 1968er-Generation bemerkenswert stabil. Das könnte bedeuten, dass nach dem Aussterben der letzten Vor-68er-Generation mit einer gewissen Stabilisierung zu rechnen ist, wenn der durch die 1968er Revolution initiierte „kulturelle Übergang" in etwa 20 Jahren endgültig abgeschlossen sein wird (was die Generationen und ihre Sozialisationserfahrungen betrifft). Die Kirchen werden zu diesem Zeitpunkt allerdings bereits in einer deutlichen gesellschaftlichen Minderheitenposition sein. Die relative Konstanz kirchennaher Religiosität in den Nach-68er-Generationen kann auch so interpretiert werden, dass in den letzten Jahrzehnten eine Vielzahl kirchlicher Angebote als passend und relevant empfunden wurde.

- Die Frage, wie die Kirchen mit dem rasch voranschreitenden Wertewandel Schritt halten können, stellt sich weiterhin und ist zentral. Die Bemühungen der Kirche, die „modernen", nicht auf Traditionswahrung orientierten Milieus zu erreichen, haben bislang nur wenig Wirkung gezeigt (vgl. Schulz et al. 2008; Hempelmann 2019). Mittlerweile dürfte deutlich geworden sein, dass es nicht darum geht, sich innerhalb der traditionellen Strukturen zu öffnen oder auf andere Bevölkerungsgruppen zuzugehen, sondern dass dafür ganz neue Formen kirchlichen Handelns erforderlich sind, wie sie z. B. in den „Erprobungsräumen" (Schlegel/Kleemann 2021) entwickelt werden.

- Das Gleiche gilt für den Befund, dass die Kirchen nach wie vor eher die gesellschaftlich Etablierten anziehen und der Kontakt zu den sozial Ausgegrenzten und Marginalisierten der Gesellschaft weniger intensiv ist. Eine solche Entwicklung – die sich nicht nur in der Kirche vollzieht, sondern auch in vielen anderen Organisationen und Vereinen – hat typischerweise eine sich selbst verstärkende Wirkung. Um daraus wieder auszubrechen, sind neue Formen kirchlichen Handelns wie z. B. eine konsequente Sozialraumorientierung nötig (vgl. Hübner et al. 2023).

Ehrenamtliches Engagement

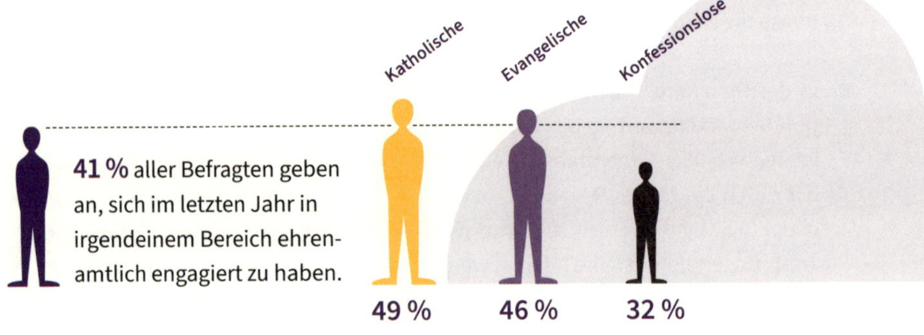

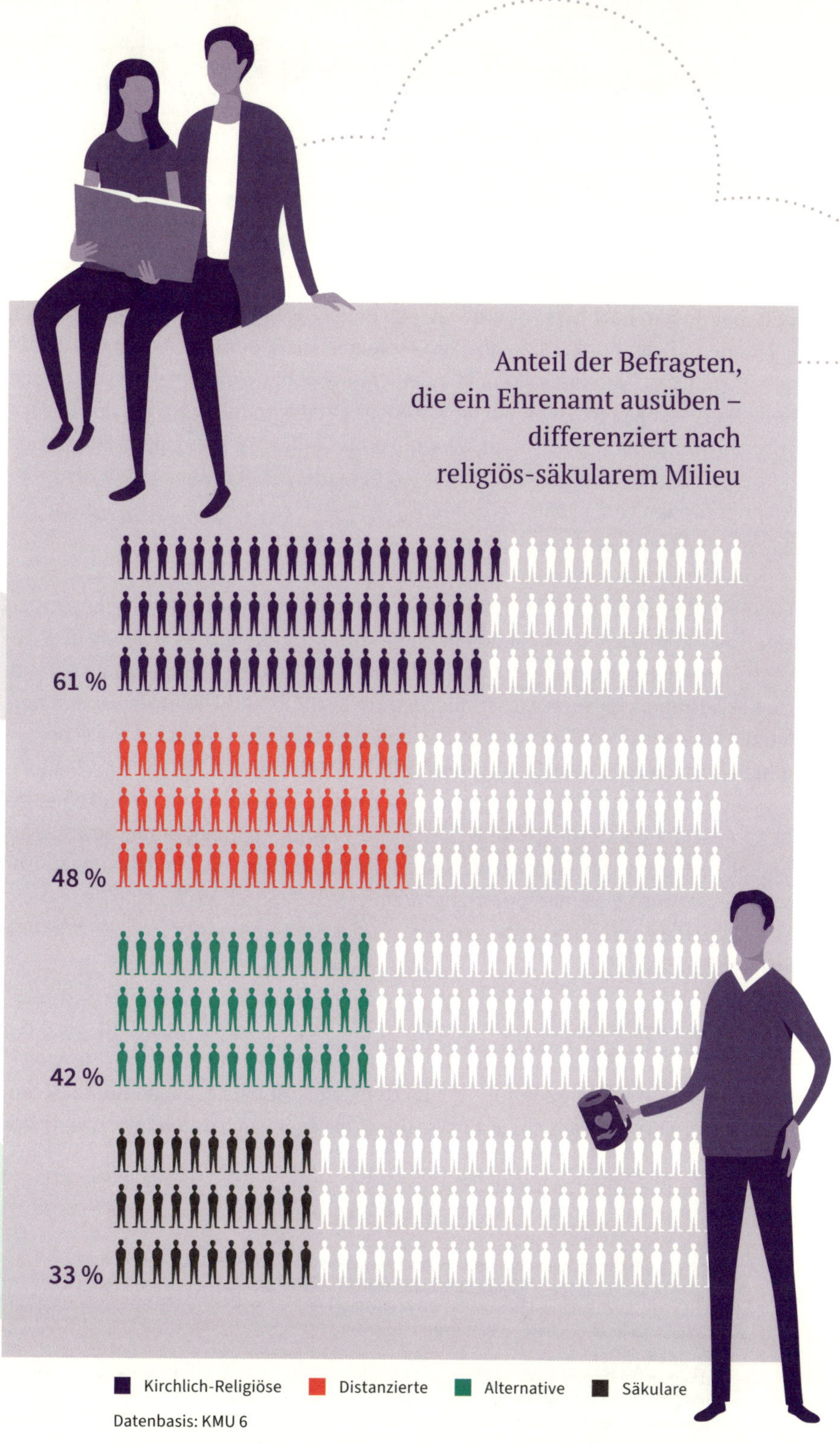
Anteil der Befragten,
die ein Ehrenamt ausüben –
differenziert nach
religiös-säkularem Milieu
61 %
48 %
42 %
33 %
Kirchlich-Religiöse
Distanzierte
Alternative
Säkulare
Datenbasis: KMU 6

6. Partizipation und Engagement – vom Mehrwert der Kirche für die Gesellschaft

In Kapitel 3 wurde bereits festgestellt, dass die Reichweite der Kirchen in die Gesellschaft hinein nach wie vor groß ist (vgl. Pollack & Wegner 2017). Das lässt sich auch anhand von Kontakthäufigkeiten aufzeigen: 35 % der Bevölkerung hatten in den letzten zwölf Monaten Kontakt zu einer kirchlichen Einrichtung.[81] Von diesen Kontakten bezogen sich 69 % auf die kirchliche Ortsgemeinde, 42 % auf den Besuch eines Kirchengebäudes, 21 % auf Diakonie oder Caritas, 16 % auf einen kirchlichen Kindergarten. Wer von solchen Kontakten berichtet, stuft diese zu 52 % als „eher wichtig“ für den Lebensalltag ein; deutlich geringer, zu 31 %, als „eher wichtig“ für den persönlichen Glauben.

Diese Ergebnisse erscheinen in kirchlicher Perspektive ambivalent: Sie lassen sich einerseits so deuten, dass ein lebensweltorientiertes kirchliches Handeln als relevant angesehen wird. Andererseits schätzt auch die Hälfte derjenigen, die Kontakte zur Kirche haben, diese als nicht oder wenig relevant für das Leben ein. Zudem werfen die Ergebnisse im Blick auf den persönlichen Glauben Fragen auf. Sie scheinen darauf hinzudeuten, dass der eigene Glaube oder die eigene Distanz zum Glauben von der kirchlichen Arbeit häufig kaum berührt wird und wenig Impulse für eine vertiefte Auseinandersetzung, Überprüfung und Veränderung bekommt. Sowohl das Bildungsanliegen, das eine kritische Auseinandersetzung mit Glaubensfragen einschließt, als auch eine missionarische Intention, die Menschen neu eine Bedeutung des Glaubens eröffnen möchte, scheinen in der Breite nur eingeschränkt Wirkung zu entfalten.

Fragt man nach Kontakten zu Personen, die in der Kirche tätig sind, wird die soziale Reichweite größer als bei den Kontakten zu kirchlichen Einrichtungen.[82] 45 % der Bevölkerung gaben für die letzten zwölf Monaten solche Kontakte an. Bemerkenswert ist, dass sogar Konfessionslose zu 34 % in den letzten zwölf Mo-

[81] Es handelt sich um den Zeitraum vom letzten Quartal 2021 bis zum letzten Quartal 2022, also eine Zeit, die teilweise noch durch die Corona-Pandemie und entsprechende Kontaktbeschränkungen geprägt war. Es ist deshalb möglich, dass unter pandemiefreien Normalbedingungen manche Prozentwerte dieses Abschnitts zu Kontakthäufigkeiten noch etwas höher ausfallen würden. Im Fragebogen liegen den nachfolgenden Ausführungen die Itembatterien 110 bis 113 zugrunde.

[82] Genauer: Es geht um Personen, von denen die Befragten wissen, dass sie in der Kirche tätig sind. Die tatsächliche Zahl der Kontakte zu in der Kirche tätigen Personen ist sicher noch größer, weil dies den Befragten nicht immer bekannt ist. Zugrunde liegen hier die Fragen 100, 101 und 106.

naten solche Kontakte hatten, bei den Kirchenmitgliedern beider Konfessionen sind es etwa 60 %. Quantitativ am bedeutsamsten sind darunter die Kontakte zu Pfarrpersonen und Seelsorger:innen (29 % bezogen auf alle Befragten) sowie zu kirchlichen Mitarbeitenden in der Jugend-, Familien-, Senioren- oder Sozialarbeit (25 %), beide Berufsgruppen liegen hier also fast gleichauf. Bei 35 % der Befragten engagieren sich zudem Familienmitglieder oder Freundinnen und Freunde in der Kirche.

Die soziale Reichweite der Kirchen steigt weiter auf 52 %, wenn danach gefragt wird, ob in den letzten zwölf Monaten Kontakte zu Personen bestanden, die regelmäßig an Gottesdiensten teilnehmen.[83] Dabei dürfte die tatsächliche Reichweite weit höher liegen, weil hier nur Personen erfasst werden können, die die Befragten so gut persönlich kennen, dass sie um deren Gottesdienstbesuche wissen. All diese Zahlen sind bemerkenswert hoch, bedenkt man die in Kapitel 2 aufgezeigte geringe Religiosität der Bevölkerung. Die soziale Reichweite der Kirche ist also deutlich größer als ihre religiöse.

Von den evangelischen Kirchenmitgliedern geben 76 % an, die Pfarrperson ihrer Kirchengemeinde zumindest namentlich zu kennen. 52 % haben mit dieser Pfarrperson bereits persönlich gesprochen.[84] Es gibt in einer Stadt oder politischen Gemeinde kaum Personen (etwa Bürgermeister:innen), die solche Werte übertreffen. Das zeigt, welch herausgehobene Stellung Pfarrpersonen für die öffentliche Wahrnehmung von Kirche derzeit haben. Vor allem ergibt der Vergleich mit früheren KMUs, dass diese Werte in den letzten Jahrzehnten kaum gesunken sind, sie sind weitgehend konstant.[85] Angesichts der festgestellten Rückgänge von Religiosität und Kirchlichkeit ist dies ein bemerkenswerter Befund. Bei den katholischen Kirchenmitgliedern liegen diese Werte aktuell etwas niedriger: 73 % kennen den Pfarrer oder Seelsorger der eigenen Kirchengemeinde namentlich, 44 % haben mit ihm bereits persönlich gesprochen. Bei den Evangelischen tritt auch ein signifikanter Ost-West-Effekt auf: Ostdeutsche Evangelische haben öfter (61 %) mit der Pfarrperson persönlich gesprochen als westdeutsche. Bei Katholischen tritt diese Ost-West-Differenz nicht auf.

---

83 Item 88 im Fragebogen.

84 Zugrunde liegen hier die Items 98 und 99.

85 Die Frage ist identisch in allen KMUs seit 1972 enthalten, allerdings mit jeweils anderen unmittelbar vorausgehenden Fragen, wodurch das Antwortverhalten beeinflusst sein könnte (sogenannte Priming-Effekte). Es kann angenommen werden, dass die unregelmäßigen Schwankungen zwischen einzelnen KMUs vor allem auf diese Priming-Effekte zurückgehen. Insofern kann die Kontaktintensität zur Pfarrperson unter evangelischen Kirchenmitgliedern in den letzten 50 Jahren im Wesentlichen als konstant angenommen werden.

Innerkirchliches Engagement

Auf die Frage an die Kirchenmitglieder, ob sie sich in einer Weise, die über Gottesdienstbesuche hinausgeht, am kirchlichen Leben beteiligen oder dies früher einmal getan haben, geben 17 % eine aktuelle Beteiligung am kirchlichen Leben an, 47 % eine frühere (aber dann aufgegebene), 36 % haben sich niemals am kirchlichen Leben beteiligt. Rechnet man dies auf die Gesamtbevölkerung um, bedeutet das, dass sich mindestens 35–40 % der Bevölkerung in ihrer bisherigen Biografie schon einmal am kirchlichen Leben in einer über Gottesdienstbesuche hinausgehenden Weise beteiligt haben.[86] Das ist ein beachtlich hoher Wert. Dass früheres kirchliches Engagement vor dem aktuellen überwiegt, ist zu erwarten, weil Engagement – ganz gleich, wo es geschieht – in der Regel nicht lebenslänglich beibehalten wird, sondern sich auf bestimmte Lebensphasen konzentriert.

Katholische und Evangelische beteiligen sich aktuell im gleichen Ausmaß am kirchlichen Leben; hier besteht kein signifikanter Unterschied zwischen den Konfessionen. Katholische haben sich früher häufiger kirchlich engagiert (51 %) als Evangelische (43 %). Daraus folgt, dass Katholische ihr kirchliches Engagement etwas häufiger eingestellt haben als Evangelische.

Als konkrete Beteiligungen am kirchlichen Leben wurden genannt: Besuch von Konzerten und kulturellen Veranstaltungen der Kirchengemeinde (53 %), projektbezogene Mitarbeit (49 %), regelmäßige Mitarbeit in der Gemeinde (47 %), Teilnahme an kirchlichen Gesprächskreisen und Gruppen (43 %), aktive Mitwirkung bei Gottesdiensten (36 %) sowie die Mitwirkung in Kirchenchören und anderen kirchlichen Musikgruppen (30 %).[87]

Das Hauptmotiv für kirchliches Engagement, das von 91 % aller kirchlich Engagierten genannt wird, ist: „Gemeinschaft erleben und für andere da [zu] sein". 76 % stimmen auch folgender Aussage zu: „Bei meinem kirchlichen Engagement ist mir das soziale Miteinander wichtiger als religiöse Fragen". 43 % Zustimmung erhält die Aussage „Bei meinem kirchlichen Engagement stehen die religiösen Aspekte meines christlichen Glaubens im Vordergrund". 85 % aller aktuell in der Kirche Engagierten sagen: „Meine Erfahrung ist, dass in der Kirche ein wertschät-

---

86 Zugrunde liegt Item 102. Heute Konfessionslosen wurde diese Frage nicht gestellt. Da 63 % der heute Konfessionslosen früher einmal Kirchenmitglieder waren und angenommen werden kann, dass sich zumindest ein kleiner Teil von ihnen vor dem Kirchenaustritt auch am kirchlichen Leben beteiligt hat, dürfte die Schätzung von mindestens 35–40 % für die Gesamtpopulation realistisch sein. Heutige Kirchenmitglieder mit einer aktuellen oder früheren Beteiligung am kirchlichen Leben machen 32 % der Gesamtbevölkerung aus. Selbst wenn nur für diejenigen Konfessionslosen, die heute noch religiös sind, eine frühere Beteiligung am kirchlichen Leben angenommen wird, sind die 35 % in der Bevölkerung bereits erreicht. Es handelt sich also um eine eher zurückhaltende Schätzung.

87 Itembatterie 104 im Fragebogen.

zender Umgang miteinander herrscht". Auch früher kirchlich Engagierte, die sich zwischenzeitlich zurückgezogen haben, kommen rückblickend zu 68 % zu einer solch positiven Einschätzung eines „wertschätzenden Umgangs" in der Kirche.[88] Deshalb dürften auch die Gründe, warum das kirchliche Engagement aufgegeben wurde, überwiegend nichts mit negativen Erfahrungen zu tun haben. Etwa die Hälfte der ehemals kirchlich Engagierten macht für ihren Rückzug allein eine Veränderung der Lebensumstände verantwortlich, ein Viertel ein Nachlassen des Interesses und ein weiteres Viertel eine Mischung aus beidem. Und wieder gilt: Evangelische in Ostdeutschland zeigen ein höheres kirchliches Engagement als westdeutsche Evangelische – ein Effekt, der bei Katholischen so nicht zu beobachten ist.

Engagement als Ressource zur Stärkung der Zivilgesellschaft

Freiwilliges ehrenamtliches Engagement gibt es auch außerhalb der Kirche in großer Vielfalt. 41 % der Befragten geben an, sich in den letzten zwölf Monaten in irgendeinem Bereich ehrenamtlich engagiert zu haben.[89] Differenziert man dies nach der Konfessionszugehörigkeit, zeigt sich: 49 % der Katholischen und 46 % der Evangelischen engagieren sich in irgendeiner Weise ehrenamtlich – bei den Konfessionslosen sind es 32 % (siehe Infografik auf Seite 86/87).[90] Noch deutlicher werden diese Unterschiede, wenn wir die Daten gesondert nach religiös-säkularen Orientierungstypen analysieren: 61 % der Kirchlich-Religiösen engagieren sich ehrenamtlich, 48 % der Distanzierten, 42 % der Alternativen und 33 % der Säkularen. Diese großen Unterschiede lassen sich auf keinen anderen Faktor zurückführen. Ob sich jemand ehrenamtlich engagiert, auch außerhalb der Kirche, wird zu ganz erheblichen Teilen durch kirchliche Religiosität bestimmt.

Damit sind die Kirchen ein höchst relevanter Knotenpunkt zur Stärkung der Zivilgesellschaft. Schon allein deshalb verdienen sie Unterstützung. Dass Kirchenbindung ein so zentraler Faktor für die gesellschaftliche Integration über freiwilliges ehrenamtliches Engagement ist, dürfte allerdings nicht primär an religiösen Überzeugungen liegen. Denn die Daten zeigen auch, dass selbst für die innerkirchlich Engagierten religiöse Motive nicht am wichtigsten sind. Entscheidend dürfte sein, dass die Kirchen in vielfältiger Weise Gelegenheitsstrukturen zur Verfügung stellen (Räume, Finanzen, Wissen, gut etablierte und flächendeckende soziale Netzwerke

88 Siehe Itembatterien 103, 107, 108 und 109.

89 Item 43 im Fragebogen.

90 Fast identische Zahlen fand Sinnemann (2022, S. 28) bei einer Sonderauswertung des fünften Freiwilligensurveys. Hier engagierten sich 45 % der Katholischen, 46 % der Evangelischen und 34 % der Konfessionslosen ehrenamtlich.

u. a. m.), innerhalb derer sich gesellschaftliches Engagement leicht entfalten kann. Kirchen sind zur Mitarbeit einladende Organisationen, die den sozialen Zusammenhalt empirisch nachweisbar wesentlich stärken (vgl. Pickel 2014; Lämmlin 2021). Die Identität dieses gewachsenen großen sozialen Netzwerks, das kirchliche Organisationen heute darstellen, wurzelt in ihrer Entstehungsgeschichte als Religionsgemeinschaften. In allen Freiwilligenorganisationen unterliegen Identitäten aber auch Wandlungsprozessen. Dass gesellschaftliche Mehrheiten mit religiösen Überzeugungen gegenwärtig kaum noch etwas anzufangen wissen und auch kirchlich verbundene Menschen ihr Engagement überwiegend nicht als religiös motiviert betrachten, wird die Kirchen und die Art und Weise, wie sie zum gesellschaftlichen Zusammenhalt beitragen, weiter verändern.

Wenn die Kirchen in diesem Sinne ein relevantes „Sozialkapital" im Sinne von Putnam (2000) darstellen, dann ist die Hypothese formulierbar, dass sie das Vertrauen in gesellschaftliche Institutionen und Mitmenschen stärken. Die KMU-Daten belegen, dass Kirchenmitglieder im Vergleich zu Konfessionslosen ein signifikant höheres Vertrauen in andere Menschen und gesellschaftliche Institutionen (z. B. Justiz, Bundestag, politische Parteien) haben.[91] Ebenso sind die Vertrauenswerte bei Kirchlich-Religiösen signifikant höher als bei Säkularen und Alternativen. Die Kirchen sind insofern ein echter Gewinn für eine Gesellschaft, die durch wechselseitige Vertrauensverhältnisse zusammengehalten wird.

Der Auswertungsband zur 6. KMU wird weiter differenzierte Antworten darauf geben, welcher Beitrag zur Bewältigung gesellschaftlicher Herausforderungen heute von den Kirchen erwartet wird und was sie davon realistischerweise erfüllen können, z. B. in Bezug auf die Probleme des Klimawandels und im Blick auf die Stabilisierung von Demokratie.

Perspektiven für das Handeln der Kirchen

Als Konsequenzen für das zukünftige Handeln der Kirchen sind folgende Schlussfolgerungen denkbar:

- Die Kontaktfelder der Kirchen und ihre soziale Reichweite in die Gesellschaft sind nach wie vor groß. Eine besondere Aufmerksamkeit sollte deshalb auch der Frage gelten, wie über diese vielfältigen Kontaktstellen weiterhin gute und nachhaltige Multiplikations- und Bindungseffekte erreicht werden können.

[91] Itembatterien 35 und 36.

- Am Beispiel der Kontakte zu Pfarrpersonen ist zu erkennen, dass diese Kontaktfelder recht stabil sind.[92] Sie schrumpfen im Unterschied zur Religiosität nicht. Ein Absinken der religiösen Reichweite der Kirche impliziert nicht zwingend einen Rückgang ihrer sozialen Reichweite. Die soziale Reichweite der Kirche ist heute wesentlich größer als ihre religiöse Reichweite. Das gilt es als Potenzial auch strategisch anzuerkennen und zu nutzen.

- Der Beitrag der Kirchen zur Aktivierung und Stabilisierung der Zivilgesellschaft und zur gesellschaftlichen Integration ist erheblich. Das ist kirchenpolitisch bedeutsam. Die Zivilgesellschaft profitiert in hohem Maße davon, wenn kirchliche und nichtkirchliche Stellen (z. B. auch staatliche) gut zusammenarbeiten. Umgekehrt hängt auch für die Kirchen dieser Erfolg maßgeblich von einer guten Vernetzung mit der Zivilgesellschaft zusammen, die deshalb zu erhalten und auszubauen ist.

- Von der in Ostdeutschland jetzt feststellbaren positiven Entwicklung bei der Kirchenbindung und beim vergleichsweise hohen Engagement der ostdeutschen evangelischen Kirchenmitglieder sollte auch in Westdeutschland weiter gelernt werden. Nicht alles ist hier durch „Diaspora-Effekte“ in der Folge eines besonders starken kirchlichen Schrumpfungsprozesses zu deuten, weil dann die gleichen Entwicklungen bei beiden Konfessionen in Ostdeutschland stattfinden müssten, was jedoch nicht der Fall ist.

- Der gesellschaftliche Mehrwert der Kirchen, von Kirchenmitgliedschaft und von aktivem Mitmachen in den Kirchen ist für spezifische gesellschaftspolitisch relevante Bereiche weiter zu konkretisieren. Auch jenseits von Volkskirchlichkeit, aus einer minderheitlichen Position heraus, kann kirchliches Engagement einen Unterschied machen und bedeutsam sein, auch in einer Gesellschaft, die mit Religiosität immer weniger anzufangen weiß.

92 Für andere vorausgehend diskutierte Kontaktfelder liegen keine umfassenden KMU-Zeitreihen vor. Die Annahme, nur bei Pfarrpersonen seien die Kontaktfelder stabil und bei anderen kirchlichen Netzwerken nicht, ist jedoch wenig plausibel.

7. Ausblick

Die dargestellten Ergebnisse bedürfen weiterer Vertiefungen, um die dahinterliegenden Prozesse besser zu verstehen. Zudem konnten eine ganze Reihe weiterer interessanter Themen und Befunde aus der 6. KMU an dieser Stelle noch nicht vorgestellt werden. Diese Auswertungen werden im wissenschaftlichen Begleitband zugänglich gemacht.

Ein weitergehendes Verständnis dafür, wie kirchliche Organisationen gegenwärtig „funktionieren" und wie Kirche, Glaube und Religiosität in unserer Gesellschaft von den Menschen gesehen und bewertet werden, ist unerlässlich für nachhaltige strategische Entscheidungen in den Kirchen. Diese Entscheidungen schaffen dann die Rahmenbedingungen für ein konkretes kirchliches Handeln, das vor Ort, in einer Region oder einem bestimmten Funktionsbereich einen wirklichen Unterschied machen kann. Eine solche strategische Ausrichtung ist erforderlich in einer Zeit, in der Kirchlichkeit nicht mehr selbstverständlich ist und das, was manche für ein „Kerngeschäft" halten, nur noch für sehr wenige besonders relevant ist. Es gilt, kirchliche Organisationen so zu verändern, dass sie bestmöglich ihrem Ziel dienen können, das Evangelium unter den Menschen in Bewegung zu halten.

Mit diesem Ziel hat die EKD zur 6. Kirchenmitgliedschaftsuntersuchung auch eine Online-Plattform eingerichtet (*www.kmu.ekd.de*), die der Kommunikation und Vernetzung dient und fortlaufend erweitert wird. Dort werden im Laufe des Jahres 2024 auch regional differenzierte KMU-Befunde eingestellt, so dass Besonderheiten der kirchlichen Entwicklung in bestimmten Regionen erkennbar werden. Auf dieser Webseite können sich alle mit Anregungen und Ideen beteiligen.

Die Mitglieder des wissenschaftlichen Beirats der KMU sowie das KMU-Team im Sozialwissenschaftlichen Institut der EKD und im Kirchenamt der EKD stehen im Rahmen ihrer Möglichkeiten für Vorträge, Workshops und die gemeinsame Weiterarbeit vor Ort zur Verfügung.

Literatur

Ahrens, Petra-Angela (2022). *Kirchenaustritte 2018 – Wege und Anlässe. Ergebnisse einer Repräsentativbefragung*. Baden-Baden: Nomos.

Allport, Gordon W./Ross, J. Michael (1967). Personal religious orientation and prejudice. *Journal of Personality and Social Psychology* 5 (4), 432–443.

Batson, C. Daniel/Schoenrade, Patricia A. (1991). Measuring religion as quest. *Journal for the Scientific Study of Religion* 30 (4), 416–447.

Becci, Irene/Dandarova Robert, Zhargalma (2022). Selbstbezeichnungen und ihre Bedeutungsnuancen. Zur kontextsensitiven Interpretation der Bezeichnungen „religiös" und „spirituell" in Umfragen. In: Stolz, Jörg/Bünker, Arnd/Liedhegener, Antonius/Baumann-Neuhaus, Eva/Becci, Irene/Dandarova Robert, Zhargalma/Senn, Jeremy/Tanner, Pascal/Wäckerlig, Oliver/Winter-Pfändler, Urs (Hrsg.), *Religionstrends in der Schweiz. Religion, Spiritualität und Säkularität im gesellschaftlichen Wandel.* Wiesbaden: Springer, 33–62.

Bochinger, Christoph (2013). Das Verhältnis zwischen Religion und Säkularität als Gegenstand religionswissenschaftlicher Forschung. In: Führding, Steffen/Antes, Peter (Hrsg.), *Säkularität in religionswissenschaftlicher Perspektive*. Göttingen: V & R unipress, 15–58.

Burge, Ryan P. (2021). *The Nones. Where they came from, who they are, and where they are going.* Minneapolis: Fortress Press.

Crockett, Alasdair/Voas, David (2006). Generations of Decline: Religious Change in 20th-Century Britain. *Journal for the Scientific Study of Religion* 45 (4), 567–584.

Di, Di (2020). Are Religious Woman More Traditionalist? A Cross-National Examination of Gender and Religion. *Journal for the Scientific Study of Religion* 59 (4), 606–628.

Dreßler, Markus (2019). Religion und religiöse Tradition: Unterscheidungsdiskurse zu den Grenzen des Islam. *Zeitschrift für Religionswissenschaft* 28 (1), 48–77.

Ebertz, Michael (1998). *Erosion der Gnadenanstalt. Zum Wandel der Sozialgestalt der Kirche.* Frankfurt/Main: Knecht.

Ebertz, Michael/Segler, Lucia (2016). *Spiritualitäten als Ressource für eine dienende Kirche.* Würzburg: Echter.

Engelhardt, Klaus/von Loewenich, Hermann/Steinacker, Peter (Hrsg.) (1997). *Fremde Heimat Kirche. Die dritte EKD-Erhebung über Kirchenmitgliedschaft.* Gütersloh: Gütersloher Verlagshaus.

Fechtner, Kristian (2023). *Mild religiös: Erkundungen spätmoderner Frömmigkeit.* Stuttgart: Kohlhammer.

Frick, Bernd/Moser, Katharina/Simmons, Rob (2021). Spillover Effects of Scandals on Exits from the Catholic and Protestant Church in Germany. *Journal for the Scientific Study of Religion* 60 (3), 482–497.

Friedrichs, Nils (2020). *Integration von religiöser Vielfalt durch Religion?* Wiesbaden: Springer.

Fürstenberg, Friedrich (1999). *Die Zukunft der Sozialreligion*. Konstanz: UVK.

Hägerstrand, Thorsten (1967). *Innovation Diffusion as a Spatial Process*. Chicago: University of Chicago Press.

Hempelmann, Heinzpeter (Hrsg.) (2019). *Handbuch Milieusensible Kommunikation des Evangeliums.* Göttingen: Vandenhoeck & Ruprecht.

Hempelmann, Heinzpeter/Flaig, Berthold Bodo (2019). *Aufbruch in die Lebenswelten. Die zehn Sinus-Milieus als Zielgruppen kirchlichen Handelns*. Wiesbaden: Springer.

Hild, Helmut (Hrsg.) (1974). *Wie stabil ist die Kirche?* Gelnhausen: Burckhardthaus.

Huber, Stefan (2004). Zentralität und Inhalt. Eine Synthese der Messmodelle von Allport und Glock. In: Zwingmann, Christian/Moosbrugger, Helfried (Hrsg.), *Religiosität: Messverfahren und Studien zu Gesundheit und Lebensbewältigung. Neue Beiträge zur Religionspsychologie.* Münster: Waxmann, 79–105.

Hübner, Ingolf/Keller, Sonja/Merle, Kristin/Merle, Steffen/Moos, Thorsten/Zarnow, Christopher (2023). *Religion im Sozialraum*. Stuttgart: Kohlhammer.

Inglehart, Ronald (2021). *Religion's Sudden Decline. What's Causing it, and What Comes Next?* Oxford: Oxford University Press.

Kasselstrand, Isabella/Zuckerman, Phil/Cragun, Ryan T. (2023). *Beyond Doubt. The Secularization of Society.* New York: New York University Press.

Klein, Constantin/Keller, Barbara/Traunmüller, Richard (2017). Sind Frauen tatsächlich grundsätzlich religiöser als Männer? Internationale und interreligiöse Befunde auf Basis des Religionsmonitors 2008. In: Sammet, Kornelia/Benthaus-Apel, Friederike/Gärtner, Christel (Hrsg.), *Religion und Geschlechterordnungen.* Wiesbaden: Springer, 99–131.

Knoblauch, Hubert (2022). Populäre Spiritualität und die Refiguration der Religion. In: Allolio-Näcke, Lars/Bubmann, Peter (Hrsg.), *Spiritualität. Theologische und humanwissenschaftliche Perspektiven.* Stuttgart: Kohlhammer, 17–31.

Kreitzscheck, Mathis/Haensch, Anna-Carolina (2019). „Klopfet an, so wird euch aufgetan"? Teilnahmeverweigerung und Nonresponse Bias in der fünften Kirchenmitgliedschaftsuntersuchung. *Zeitschrift für Praktische Theologie* 54 (1), 43–51.

Lämmlin, Georg (Hrsg.) (2021). *Gesellschaftlicher Zusammenhalt in der postsäkularen Gesellschaft.* Baden-Baden: Nomos.

Lange, Ernst (1975). Bildung als Problem und als Funktion der Kirche. In: Matthes, Joachim (Hrsg.), *Erneuerung der Kirche. Stabilität als Chance?* Gelnhausen: Burckarthaus, 189–222.

Lukatis, Ingrid/Lukatis, Wolfgang (1989). Protestanten, Katholiken und Nicht-Kirchenmitglieder. Ein Vergleich ihrer Wert- und Orientierungsmuster. In: Daiber, Karl-Fritz (Hrsg.), *Religion und Konfession.* Hannover: Lutherisches Verlagshaus, 17–71.

MDG Medien-Dienstleistung GmbH (Hrsg.) (2021). *MDG-Trendmonitor – Religiöse Kommunikation 2020/21*. München: MDG Medien-Dienstleistung GmbH.

Merle, Kristin (2019). *Religion in der Öffentlichkeit. Digitalisierung als Herausforderung für kirchliche Kommunikationskulturen*. Berlin: de Gruyter.

Meulemann, Heiner (2019). *Ohne Kirche leben. Säkularisierung als Tendenz und Theorie in Deutschland, Europa und anderswo.* Wiesbaden: Springer.

Norris, Pippa/Inglehart, Ronald (2004). *Sacred and Secular. Religion and Politics Worldwide*. Cambridge: Cambridge University Press.

Peng-Keller, Simon (2010). *Einführung in die Theologie der Spiritualität.* Darmstadt: Wissenschaftliche Buchgesellschaft.

Peters, Fabian/Gutmann, David (2021). #projektion2060 – Die Freiburger Studie zu Kirchenmitgliedschaft und Kirchensteuer. Neukirchen-Vluyn: Neukirchner Verlag.

Pew Research Center (2017). Five Centuries After Reformation, Catholic-Protestant Divide in Western Europe Has Faded. *https://www.pewresearch.org/religion/2017/08/31/five-centuries-after-reformation-catholic-protestant-divide-in-western-europe-has-faded/*

Pew Research Center (2018). The Age Gap in Religion Around the World. *https://www.pewresearch.org/religion/2018/06/13/the-age-gap-in-religion-around-the-world/*

Pickel, Gert (2014). Religiöses Sozialkapital – Integrationsressource für die Gesellschaft und die Kirchen? In: Arens, Edmund/Baumann, Martin/Liedhegener, Antonius/Müller, Wolfgang/Ries, Markus (Hrsg.), *Integration durch Religion?* Zürich: Pano, 41–61.

Pickel, Gert/Spieß, Tabea (2015). Religiöse Indifferenz – Konfessionslosigkeit als Religionslosigkeit? In: Bedford-Strohm, Heinrich/Jung, Volker (Hrsg.), *Vernetzte Vielfalt. Kirche angesichts von Individualisierung und Säkularisierung. Die fünfte EKD-Erhebung über Kirchenmitgliedschaft.* Gütersloh: Gütersloher Verlagshaus, 248–266.

Pittkowski, Wolfgang (1991). Evangelisch – Katholisch – Konfessionslos. In: Matthes, Joachim (Hrsg.), *Kirchenmitgliedschaft im Wandel. Untersuchungen zur Realität der Volkskirche. Beiträge zur zweiten EKD-Umfrage „Was wird aus der Kirche?“.* 2. Auflage. Gütersloh: Gütersloher Verlagshaus, 163–181.

Pollack, Detlef/Rosta, Gergely (2022). *Religion in der Moderne. Ein internationaler Vergleich.* 2. aktualisierte und erweiterte Auflage. Frankfurt/Main: Campus.

Pollack, Detlef/Wegner, Gerhard (Hrsg.) (2017). *Die soziale Reichweite von Religion und Kirche. Beiträge zu einer Debatte in Theologie und Soziologie.* Würzburg: Ergon.

Putnam, Robert D. (2000). *Bowling Alone.* New York: Simon & Schuster.

Roßteuscher, Sigrid (2011). Religion, Organisationsstrukturen und Aktivbürger – oder: Ist der Protestantismus demokratischer als der Katholizismus? In: Ledhegener, Antonius/Werkner, Ines-Jacqueline (Hrsg.). *Religion zwischen Zivilgesellschaft und politischem System.* Wiesbaden: Springer, 11–137.

Schlegel, Thomas/Kleemann, Juliane (2021). *Erprobungsräume. Andere Gemeindeformen in der Landeskirche*. Leipzig: Evangelische Verlagsanstalt.

Scholz, Rüdiger (1991). Das Bildungsdilemma der Kirche. In: Matthes, Joachim (Hrsg.), *Kirchenmitgliedschaft im Wandel. Untersuchungen zur Realität der Volkskirche. Beiträge zur zweiten EKD-Umfrage „Was wird aus der Kirche“?* Gütersloh: Gütersloher Verlagshaus, 215–230.

Schulz, Claudia/Hauschildt, Eberhard/Kohler, Eike (2008). *Milieus praktisch. Analyse- und Planungshilfen für Kirche und Gemeinde*. Göttingen: Vandenhoeck & Ruprecht.

Sinnemann, Maria (2022). *Kirche, Religion und Engagement in der Zivilgesellschaft. Sonderauswertung des fünften Freiwilligensurveys.* Baden-Baden: Nomos.

Stelzer, Marius/Heyse, Marko (2017). Die Lebensführungstypologie. Eine integrative Typologie der Lebensführungen in der Bundesrepublik Deutschland. *Evangel – Magazin für missionarische Pastoral* 2/2017, 1–4.

Stenmark, Mikael (1997). What Is Scientism? *Religious Studies* 33 (1), 15–32.

Stenmark, Mikael (2001). *Scientism: Science, Ethics and Religion.* London: Routledge.

Stolz, Jörg (2020). Secularization theories in the twenty-first century: Ideas, evidence, and problems. *Social Compass* 67 (2), 282–308.

Stolz, Jörg/Könemann, Judith/Schneuwly Purdie, Mallory/Englberger, Thomas/Krüggeler, Michael (2014). *Religion und Spiritualität in der Ich-Gesellschaft. Vier Gestalten des (Un-)Glaubens.* Zürich: Theologischer Verlag.

Stolz, Jörg/Bünker, Arnd/Liedhegener, Antonius/Baumann-Neuhaus, Eva/Becci, Irene/Dandarova Robert, Zhargalma/Senn, Jeremy/Tanner, Pascal/Wäckerlig, Oliver/Winter-Pfändler, Urs (2022) (Hrsg.). *Religionstrends in der Schweiz. Religion, Spiritualität und Säkularität im gesellschaftlichen Wandel.* Wiesbaden: Springer.

Stolz, Jörg/Senn, Jeremy (2022). Generationen abnehmenden Glaubens. Säkularisierung in der Schweiz 1930–2020. In: Stolz, Jörg/Bünker, Arnd/Liedhegener, Antonius/Baumann-Neuhaus, Eva/Becci, Irene/Dandarova Robert, Zhargalma/Senn, Jeremy/Tanner, Pascal/Wäckerlig, Oliver/Winter-Pfändler, Urs (Hrsg.), *Religionstrends in der Schweiz. Religion, Spiritualität und Säkularität im gesellschaftlichen Wandel.* Wiesbaden: Springer, 7–29.

Streib, Heinz/Keller, Barbara (2015). Was bedeutet Spiritualität? Befunde, Analysen und Fallstudien aus Deutschland. Göttingen: Vandenhoeck & Ruprecht.

Sullins, D. Paul (2006). Gender and Religion: Deconstructing Universality, Constructing Complexity. *American Journal of Sociology* 112 (3), 838–880.

Trzebiatowska, Marta/Bruce, Steve (2012). *Why are Women more Religious than Men?* Oxford: Oxford University Press.

Twenge, Jean M./Exline, Julie J./Grubbs, Joshua B./Sastry, Ramya/Cambell, W. Keith (2015). Generational and Time Period Differences in American Adolescents' Religious Orientation, 1966–2014. *PLOS One* 10 (5), e0121454.

Voas, David (2009). The Rise and Fall of Fuzzy Fidelity in Europe. *European Sociological Review* 25 (2), 155–168.

Voas, David/Bruce, Steve (2007). The Spiritual Revolution: Another False Dawn for the Sacred. In: Flanagan, Kieran/Jupp, Peter C. (Eds.), *A Sociology of Spirituality.* London: Ashgate, 43–61.

Voas, David/Chaves, Mark (2016). Is the United States a Counterexample to the Secularization Thesis? *American Journal of Sociology* 121 (5), 1517–1556.

Voas, David/McAndrew, Siobhan/Storm, Ingrid (2013). Modernization and the gender gap in religiosity: Evidence from cross-national European surveys. *Kölner Zeitschrift für Soziologie und Sozialpsychologie* 65, 259–283.

Wegner, Gerhard (2017). Das Gespenst der Verkirchlichung. Zum Ertrag der 5. Kirchenmitgliedschaftsuntersuchung. In: Pollack, Detlef/Wegner, Gerhard (Hrsg.), *Die soziale Reichweite von Religion und Kirche.* Würzburg: Ergon, 279–311.

Wilkins-Laflamme, Sarah (2021). A Tale of Decline or Change? Working Toward a Complementary Understanding of Secular Transition and Individual Spiritualization Theories. *Journal for the Scientific Study of Religion* 60 (3), 516–539.

Wohlrab-Sahr, Monika/Kaden, Tom (2013). Struktur und Identität des Nicht-Religiösen: Relationen und soziale Normierungen. *Kölner Zeitschrift für Soziologie und Sozialpsychologie* 65, 183–209.

Wolf, Christof (2008). How secularized is Germany? Cohort and comparative perspectives. *Social Compass* 55, 111–126.

Wunder, Edgar (2001). On the relationship between urbanisation and the spread of popular belief systems. *Correlation* 20 (1), 37–41.

Wunder, Edgar (2005). *Religion in der postkonfessionellen Gesellschaft.* Stuttgart: Steiner.

Wunder, Edgar (2023). Die aktuelle Verteilung der Religionszugehörigkeiten in Deutschland. Eine komplizierte Rechenaufgabe mit vielen Unbekannten. *Zeitschrift für Religion und Weltanschauung* 86 (5), 346–358.

Zander, Helmut (2023). Die nächste Stufe der Säkularisierung. *Herder Korrespondenz* 1/2023, 36–39.